부동산
틈새 투자

부동산
틈새 투자

| 김태연 지음 |

밀리언서재
Million Publisher

부동산 투자에도 역발상이 필요하다

알면 힘이 되고 모르면 탈이 난다.

1997년 IMF 외환위기 때 난생처음 부동산으로 위기를 겪으면서 '공부해야 한다'는 것을 깨달았다. 그 당시 결혼 전에 사둔 내 명의의 작은 아파트 한 채가 있었고, 결혼하면서 남편 명의로 아파트 한 채를 더 구입해 본의 아니게 서울에 아파트를 두 채 보유하게 되었다. 복잡한 서울을 떠나고 싶다는 마음에 아파트 두 채를 모두 전세 주고, 경기도 1기 신도시에 있는 미분양 아파트를 하나 분양받았다. 선분양을 하고 한창 짓고 있을 때여서 남편에게 미리 신도시에 들어가자고 설득해 전셋집을 구했다.

조금이라도 늦으면 지각할 만큼 도로에 차가 많아 매일 새벽 5시에 집을 나섰다. 7시쯤 회사에 도착해서 책을 읽고 미리 업무 준비도 하곤 했다. 그러다 IMF 외환위기가 찾아왔고 우리가 전세로 살던 다세대주택이 경매로 넘어가게 되었다.

그 소식을 듣고도 나에게 무슨 일이 생겼는지 알지 못했다. 어쨌든 보증금을 돌려받을 수 있을 줄 알았다. 그러나 세입자들 중 내가 맨 먼저 입주했는데도 확정일자를 받아놓지 않아 배당을 한 푼도 받지 못했다. 전세 계약을 하면서 확정일자도 받지 않다니…. 부동산 공부를 하고 있었는데도 어이없는 실수를 하고 만 것이다.

심리학자이자 지능 연구의 대가로 알려진 로버트 스턴버그는 《왜 똑똑한 사람이 멍청한 짓을 할까》라는 책에서 겉으로는 똑똑해 보이는 사람들이 실제로는 엉뚱한 실수를 저지르는 경우가 허다하다고 말한다. 세상에 실속 없는 헛똑똑이들이 많다는 것이다. 내가 비록 똑똑하진 않아도 몰라서 당할 정도는 아니라고 생각했는데 오산이었다.

지금 그런 일을 당했다면 어땠을까? 확정일자를 못 받았다고 한탄하기보다 그 집을 경매로 낙찰받았을 것이다. 그 다세대주택은 감정가가 3억 8천만 원 정도였고 반값으로 낙찰되었다. 그때는 연륜이 없어 '경매'라는 말 자체도 겁이 났고 대출 부담감도 컸다. 그렇게 황당하게 전세금을 날리고 나중에야 알게 되었다. IMF 외환위기 때 부동산이 폭락 수준이었는데, 그런 시장의 분위기에 휩쓸리지 않고 싼값에 부동산을 사들인 투자자들이 많다는 사실을 말이다. 경험과 연륜이 부자를 만든다는 것을 전세금을 날리면서 깨닫게 되었다.

그때 얻은 교훈이 '뭐든지 알아야 하고, 그러기 위해 배워야 한다'는 것이었다.

또 하나의 교훈은 '위기가 기회'라는 것이었다. 남들이 주춤할 때 적극적으로 물건을 살펴보고 공략하는 것이다. 부동산이 오를 때 사고, 폭락할 때 파는 어리석음을 되풀이하지 않으려면 시장과 반대로 움직여야 한다. 아울러 정부의 정책을 면밀하게 살펴서 정책을 배척하기보다 이해하는 방식의 투자를 해야 한다. 그래야 위기를 기회로 만들 수 있다.

1967년 박정희 대통령이 여러 건설사 대표들을 초대해 소양강댐 건설 계획을 발표했다. 그 자리에 참석한 대표들은 머릿속이 복잡했다. '이 정보를 어떻게 이용해야 할까?' '어떻게 해야 이 공사에 참여할 수 있을까?' '입찰가는 얼마를 써야 수주할 수 있을까?' 모든 대표들이 비슷한 고민을 하고 있을 때 현대그룹 창립자 정주영 회장은 달랐다.

그는 모임을 마치고 회사로 돌아오자마자 재무 담당 직원을 불러서 현금 확보를 지시했다. 그런 다음 소양강댐 건설로 인해 상습 침수를 벗어나게 될 지역의 토지를 집중적으로 매입하라고 지시했다. 그곳이 지금의 압구정동이다. 현대는 이때부터 엄청난 부를 축적하기 시작했다. 같은 정보를 갖고도 대응 방법이 완전히 달랐던 것이다.

부자가 되고 싶어 하는 사람들에게 이 이야기를 꼭 들려주고 싶다. 항상 남들과 같은 생각으로는 부자가 될 수 없다는 것을 명심하고, 역성(逆成)을 생각하며 부동산 투자를 연구해보기 바란다.

내가 운영하고 있는 실전 부동산 강의에 참여하는 수강생들은 경매 물건들을 추천받아 소액이지만 수익률 150% 정도의 좋은 결과를 거두고 있다. 물론 투자를 한다고 첫술에 배부르지는 않다. 100만 원을 투자해 10억, 20억 원을 벌기는 어렵지만, 100만 원을 투자해

200만 원의 수익을 내는 것은 가능하다. 한탕주의를 버리고 소액으로 부동산 투자를 하면서 자신에게 맞는 투자 기술을 습득하기를 바란다. 그러면 큰 문제 없이 차근차근 부를 늘려갈 수 있다.

나는 스스로에게 '사건사고처리반'의 반장이라는 직책을 부여한 바 있다. 많은 사람들로부터 부동산에 대한 SOS를 받고 문제들을 해결하면서 부동산 투자 지식과 노하우를 쌓아왔기 때문이다. 사건 사고를 처리하는 것이 재미있고, 새로운 사실을 알아간다는 것이 뿌듯하다.

이 책에는 부동산 투자자로서 내 경험뿐 아니라 나에게 배운 수강생들, 내가 해결한 SOS 사례들을 정리했다. 특히 토지 투자에 대해 다양한 사례와 노하우를 담았다. 개발예정지를 찾아내 시세차익을 얻는 법을 알려주는 일반적인 책들과는 달리, 토지의 특징에 맞는 개발법과 활용법을 다루고 있다. 한탕주의보다는 오랫동안 안정적인 수익을 거둘 수 있는 방법들이다. 토지를 사서 개발해 사업을 하고 싶거나 되팔아 차익을 얻고 싶은 사람들, 토지 경매 방법을 알고 싶은 사람들, 노후 대비를 하고 싶은 사람들, 월급 외 제2의 수익원을 만들고 싶은 사람들, 숨어 있는 좋은 부동산을 찾아내고 싶은 사람들에게 유용할 것이다.

아울러 부자가 되고 싶은 이들을 위한 마인드, 미래 부동산 투자의 흐름도 정리했다. 이 책으로 많은 사람들이 위험을 피하고 기회를 최대한 이용하기를 바란다.

나는 세상 모든 이들이 경제적인 안정을 누리면서 행복하게 살기를 간절히 바란다. 이것이 오늘도 내가 부지런히 현장을 뛰어다니는 이유다. 내가 매입할 물건을 고르기보다 다른 이들을 위해 물건을 찾아다니고 알려준다. 내 도움을 받은 사람들이 행복해지는 걸 보면서 희열을 느낀다. 이 책을 읽는 독자들이 정말 행복해지길 마음속으로 기도한다.

Chapter 02
500만 원으로 든든한 미래를 설계한다!
초보부터 고수까지 소액 투자 전략

Chapter 03
수익과 손해의 한 끗 차이
부동산 투자, 실전에서 답을 찾다

Chapter 04
부를 끌어당기는 생각의 법칙
투자 고수가 말하는 부자 마인드

지금 당장 시작하는
부동산 투자

|

틈새 수익부터 도전하기

부동산 투자, 해야 할까 말아야 할까?

"이제 부동산은 끝난 거 아니에요?"

"부동산 가지고 돈 벌려고 한다면 나쁜 거죠."

30여 년 동안 부동산 강의와 개인 컨설팅을 진행하면서 요즘처럼 어수선한 적이 없었다. 부동산 투자를 하고 싶다며 찾아오는 사람들조차 자신이 잘하는 것인지, 투기꾼을 따라가는 건 아닌지 의심을 거듭한다. 부동산 투자를 하고는 싶은데 투기꾼 취급을 받는 건 싫고, 그렇다고 안 하자니 불안하다. 이것이 대다수 사람들의 마음일 것이다. 그래서 사람들이 가장 궁금해하는 2가지 질문을 나름대로 풀어보려고 한다.

부동산, 자산 가치는 변함없다

첫 번째, 부동산은 이제 끝난 걸까? 부동산이 끝났다고 느끼는 이유는 현 정부의 정책 때문이다. 나는 4년 넘게 지속되는 부동산

폭등이 100% 정부 탓이라고 생각하지는 않지만 일정 부분 '기여'했다고 본다. 정부는 다주택자를 투기 세력으로 간주하고 재개발 재건축을 억제하는 정책들을 쏟아냈다. 전 세계가 저금리 기조를 유지하면서 시중에 유동자금이 풍부한데 공급은 이뤄지지 않은 상태에서 규제가 계속 이어지니, 부동산 매매가와 전세가가 같이 치솟았다. 사람들은 천정부지로 솟구치는 부동산 가격에 정부의 말대로 투기 세력이 일을 이 지경으로 만들었다고 의심의 눈초리를 보낸다. 거주 목적으로 주택을 구매하려는 사람들까지 애먼 투기꾼으로 몰려 부동산 거래를 하는 것 자체가 눈치 보이는 세상이 되었다.

진짜 부동산 투자는 이제 한물간 이슈일까? 당연히 그렇지 않다. 지구상에 사람들이 존속하는 한 '어디에서 살고, 어떻게 먹고살 것인가' 하는 것은 가장 기본적인 문제이므로 부동산의 가치는 계속 이어질 수밖에 없다. 자본으로서 가치가 여전히 있는데 투자의 대상이 아니라고 부정할 이유가 없는 것이다.

두 번째, 부동산을 가지고 돈을 버는 것은 투기일까? 이 질문에 대해 정부는 "그렇다"고 답했다. 나는 조건부로 "그렇다"고 대답한다. 투기의 본뜻에 부합한 행위 외에는 투자이다. 부동산 투기는 일반적인 시장가격의 변동에 따르는 매매 차익이 아니라, 도박에 가까울 정도로 비정상적이고 큰 수익을 취득할 목적으로 부동산 매매를 하는 것이다. 잘 알려진 것처럼 전세 버스를 타고 이 지역 저 지역 몰려다니면서 비싼 값에 부동산을 매입해 그 지역 전체의 매매가를 올려놓는 사람들은 누가 봐도 투기꾼들이다. 시장을 교란하는 투기꾼에 대한 규제는 당연히 필요하다.

그런데 주택을 두 채 이상 소유하면서 세놓고 임대수익을 얻는 사람들까지 투기꾼으로 보는 것은 잘못된 시각이다. 부동산 시장에는 매매 수요만 있는 게 아니다. 개개인의 필요와 욕구에 따라 전·월세 수요도 존재한다. 여기에 물건을 공급하는 것이 왜 투기라는 걸까? 시장을 그처럼 단순하게 판단해서는 안 된다.

수많은 사람들의 필요와 욕구가 복잡하게 얽혀 있으며, 전반적인 경제 상황과도 유기적으로 연동되는 것이 부동산 시장이다. 다주택자들을 옥죄는 정책을 펴자 세입자들이 전·월세 물건을 찾기 어렵다며 고통을 호소하고 있는 것 역시 현 정부가 시장을 편협한 시각으로 보고 있다는 반증이다. 단순하게 모든 걸 억누르려는 규제 일변도가 아니라 복잡하고도 다양한 시장의 성질을 이해하면서 국민들에게 필요하고 도움이 되는 것이 무엇인가를 판단하고 정책을 펴야 한다. 경제의 원리에 따라 수익을 거두는 것까지 죄악시해서는 안 된다. 투기와 투자를 구분하지 못하는 부동산 시장의 왜곡을 하루빨리 바로잡아야 한다.

앞서 두 질문에 대한 결론은 자산으로서 부동산 가치는 지속될 것이므로 투기가 아닌 투자를 해야 한다는 것이다. 부동산을 옥죄는 정책 때문에 투자하기 어렵다고 생각할 수 있는데, 이 추세가 언제까지나 지속되지는 않는다.

투자의 최적기? 바로 지금!

여러 차례의 부동산 정책과 코로나19로 인해 아파트를 제외하고는 부동산 시장이 주춤하고 경기 또한 좋지 않다. 경기가 계속 하락한다면 정부도 더 이상 침체의 늪에 빠지는 것을 간과할 수 없으므로 부동산 규제를 풀 수밖에 없다. 규제 정책의 부작용이 심해지자 방향을 바꾸려는 움직임이 나타나고 있다.

우리나라 정부는 경기가 나빠지면 부동산 투자를 권장하고, 부동산 투자가 과열되었다 싶으면 규제를 해왔다. 그만큼 부동산에서 파생되는 산업이 많고, 경제활동에서 부동산이 차지하는 비중이 높다는 의미다.

현재 규제가 있다 하더라도 주저앉을 필요는 없다. 분야를 막론하고 투자의 원리 중 하나가 '불황기를 적극 이용하라'는 것이다. 지금을 '부동산 투자의 적기'라 생각하고 틈새시장을 찾아야 한다. 주식투자의 대가들 역시 "언제 주식을 사야 하나요?"라는 질문에 "시장의 폭락을 적극적으로 이용하라"고 한다.

경기 회복이 되어야 투자를 하는 것이 아니라 경기침체기에 투자해야 수익을 좀 더 높일 수 있다. 경기 회복이 된다는 것은 시중에 돈이 많이 풀린다는 이야기고, 돈이 많이 풀리면 너도 나도 부동산 투자를 하려고 한다. 이때 부동산 가격이 오르므로 매수가 아닌 매도를 해야 한다. 그러나 사람들은 가격이 오르면 불안한 마음에 부동산을 매입하려고 한다. 꼭지에서 사는 불상사를 만나는 것이다.

"사고 싶긴 한데 너무 비싸서 못 사겠어요."

부동산 투자의 적기라고 하는데 가격이 기대한 것과 달라서 고민하는 사람들에게 주식시장에서 빌려온 말로 대답하면 '무릎에 사서 어깨에 팔라'는 것이다. 너무 싸게 사려 하지 말고, 너무 비싸게 팔려고 하지 말라는 뜻이다.

진짜 투자하고 싶다면 폭락을 기다리지 말아야 한다. 가격의 흐름은 누구도 예상하기 힘들다. 오죽하면 '오늘이 가장 싸다'는 말이 있을까. 지금이 살 때라거나 팔 때라고 정해진 것은 없다. 오른 값이 조정되거나 내린 값이 탄력을 받을 때가 바로 매매의 시기다.

막연하게 더 떨어질 거라는 생각으로 무작정 기다리다 보면 오히려 무릎을 지나 어깨로 향한다. 주변에서는 부동산 투자를 해서 얼마를 벌었다는 이야기가 들린다. 이쯤 되면 대부분의 사람들은 조급해진 나머지 매물을 확인하지도 않고 계약부터 하는 '묻지마 투자'에 나선다. 돈 벌려다 쪽박 차는 지경에 이르고 만다.

이런 사태를 방지하려면 어떻게 해야 할까? 평소 꾸준히 시장을 관찰하고 경제 상식을 공부해야 한다. 적절한 시기에 좋은 물건을 골라 거래할 수 있는 기초 체력을 키우는 것이다. 투자를 해야 하나 말아야 하나 고민하며 주변 사람들의 말에 일희일비하는 것보다, 매일 경제 신문과 책을 꼼꼼히 읽고 시장의 흐름을 관찰하면서 때를 노려야 한다. 시세 대비 20~30% 싼 물건들을 찾아보고, 경매와 공매로 나온 급매물을 알아본다.

불경에는 히말라야 깊은 산골에 사는 상상의 새 '한고조'가 나온다. 겨울이 유난히 추운 그곳에서 한고조는 밤만 되면 추위 울면서 낮에 게으름을 피우며 집을 짓지 않은 것을 후회했다.

"내일은 꼭 튼튼하고, 따뜻하고, 살기 좋은 집을 지어야지."

그러나 막상 낮이 되면 한고조는 지난밤 추위를 잊어버리고 먹이를 찾는 일에 전념한다. "오늘은 하지 말자. 내일 지으면 되지, 뭐"라며 하루하루를 보내다 한고조는 결국 얼어 죽고 만다. 한고조처럼 되지 않으려면 현재 환경을 비관만 할 것이 아니라 더 나은 환경을 만들기 위해 노력해야 한다.

신은 우리에게 '오늘'이라는 선물을 주었지만, '내일'을 보장해주지는 않는다. 사람들은 저마다 내일을 위해 투자한다. 부동산은 보다 안정적이고 편안한 내일을 만들기 위해 필요한 투자처이다. 살얼음판 같은 시장이지만 그래도 '틈새'는 있는 법이다. 그 틈새를 빨리 파악한다면 부동산 투자에 성공할 수 있다.

얼어붙어도 틈새는 있다

2020년 제주도의 경매 물건에 응찰하기 위해 경매법정에 갔다가 깜짝 놀란 적이 있다. 경매 날짜를 잘못 알고 있는 게 아닌가 싶을 정도로 사람들이 없었던 것이다. 몇 년 전만 해도 물건 하나에 수십 명씩 몰려들었는데 그때와는 사뭇 다르게 싸늘했다. 다른 사람들과 반대로 하는 것을 좋아하기에 그 광경을 보면서 매수할 타이밍이라고 판단했다.

부동산 강의 때마다 '지금이 때'이니 경매와 공매 시장을 살펴보라고 권했다. 대개 부동산 경기가 하락하면 맨 먼저 부동산 경·공매 시장이 싸늘해지는데, 이때 감정가의 반값에 매입이 가능한 물건들이 수두룩하다. 그러나 사람들은 더 떨어질 것이라는 부동산 비관론자들의 말을 믿는다.

그때 수강생들에게 부동산 경기는 경·공매 시장부터 회복할 것이라는 이야기와 함께 응찰하도록 권유했는데 얼마 가지 않아 예상이 적중했다. 수강생들과 함께 경매법정을 찾을 때마다 응찰 인원이 많아지면서 경쟁률이 높아지는 현상을 확인한 것이다.

2021년 들어서 부동산 경매시장의 열기가 뜨겁다는 기사가 심심찮게 나왔다. 상가 공실률이 높아지는 것과 별개로 저렴한 매물들이 경매시장에 나오면서 이를 잡으려는 사람들이 늘어나고 있다. 향후 어떤 변화를 맞이할지는 좀 더 지켜봐야겠지만, 경매에 대한 관심은 지속될 것으로 예상된다.

부동산에 아파트만 있는 것은 아니다

'정부가 부동산 시장 과열을 잡겠다고 대출을 규제하니까 이제 투자를 못 하겠구나.'

이렇게 탄식하는 사람들이 많다. 부동산 시장의 흐름, 즉 차갑게 얼어붙었을 때가 기회라는 것을 알고 있는 사람들은 재빨리 행동해서 좋은 상권에 위치한 부동산을 괜찮은 가격에 살 수 있을 것이다. 그러나 남들이 도전하고 나서야 막차를 탄 사람들은 이러지도 저러지도 못하는 어정쩡한 상황에 놓이고 만다. 이들은 정부 탓을 하면서 남의 뒤만 쫓아가거나 아예 포기한다.

투자를 하고, 더 나아가 경제적 부를 이루고 싶다면 정부 정책을 이해해야 한다. 무엇을 목표로 하는 정책인지를 알아야 내가 나아갈 방향을 알 수 있다. 정책과 시장을 분석하고 그에 맞는 투자 방향을 모색해야 한다. 남들이 하는 대로가 아니라 반대 시각을 가지고 틈새를 파고드는 투자를 해야 한다.

부동산 투자에서 가장 지양해야 하는 것이 '주거용'이다. 우리나라 사람들의 부동산 투자는 거의 아파트를 대상으로 한다. '영끌' '부린이' '벼락거지' '이생집망' '청포족' '패닉바잉' 등의 유행어가 연이어 나올 정도로 너도 나도 아파트에 투자한다. 이에 따라 거주 목적의 부동산 가격을 안정화하기 위한 정부 규제가 많다. 특히 아파트 투기를 억제하는 정책에 따라 주택 구입 자금 대출 한도를 낮추고 부동산임대법인에 대해서도 규제하고 있다.

부동산임대법인은 박근혜 정부에서 부동산 부양 정책으로 대출을 완화하고 임대사업을 권장하면서 우후죽순으로 늘어났다. 그런데 부동산 경기 과열로 인해 문재인 정부는 어쩔 수 없이 억제 정책을 펴고 있다. 그렇다면 주거용이 아닌 다른 투자처를 찾는 것이 좋다. 정부 정책에 반대되는 투자를 하려면 숱한 규제를 뛰어넘어야 하므로 힘든 일이다. 게다가 지금 시장이 과열 양상을 보이고 있기에 신중할 필요가 있다.

아파트 가격이 가파르게 상승하고 있지만 '내 집값이 올랐다'며 웃는 사람은 별로 없다. 전국적으로 상승하는 추세라 지금 사는 아파트를 팔고 다른 아파트로 옮기기가 어렵다. 지방 곳곳의 아파트들이 서울 시내 아파트 가격에 육박한다. 호가는 오르지만 거래량은 상승하지 않는다. 한층 복잡해진 대출 기준, 보유세(재산세와 종합부동산세)와 거래세(취득세, 등록세)·양도세, 거주 기간과 보유 기간 등을 고려해서 부동산 거래를 하기도 어렵다. 이 모든 것이 시장이 일반적이지 않음을 보여주는 증거들이다.

전문가들 중에 시장 과열을 우려하는 목소리가 높다. 1991년을 기점으로 일본의 집값이 지속적으로 하락했듯이 저출산율에 경제성장 둔화 등 일본과 환경이 비슷한 한국도 부동산 버블이 붕괴될 거라고 한다. 폭락까지는 아니어도 3~4년 후인 2025년쯤 조정 국면을 맞을 거라고 전망한다.

현재 우리나라 부동산 시장을 2007년 아일랜드와 비교하기도 한다. 당시 유럽중앙은행이 독일 경제를 살리기 위해 금리를 내렸고, 경기가 좋았던 아일랜드는 금리를 올려야 하는데도 유럽중앙은행의 정책을 따랐다. 그리하여 아일랜드에 많은 주택이 건설되었고 2007~2008년 글로벌 금융위기가 닥치자 집값이 50% 이상 폭락했다. 투자 수요가 증가하면 집값이 급등하지만 위기가 오면 투자 수요가 투매 수요가 되기 때문에 집값 하락을 유도한다. 저금리, 화폐가치 하락 등의 요인이 현재 우리나라 경제 상황과 유사해 참고 대상이 된다.

주거용 부동산 시장에 대해 누구도 정확한 전망을 내놓을 수는 없다. 아파트 인기가 하늘 높은 줄 모르고 치솟지만 언젠가 우리나라도 서구 유럽처럼 되지 않으리라는 보장이 없다. 한때 유럽은 서민들의 주거 문제를 해결하기 위한 대안으로 아파트를 건축했다. 그러나 경제 수준이 높은 이들에게 외면받으면서 주택 가치가 하락하고 슬럼화되면서 대중의 호감에서 멀어졌다. 문화와 유행은 언제든지 바뀔 수 있다.

굳이 유럽과 비교해서 예측하지 않더라도 분명한 점은 마냥 오르기만 하는 물건은 없다는 것이다. 오를 때가 있으면 떨어질 때도 있는 법이다. 현 부동산 시장이 4년 넘게 상승장이 이어지고 있으므로 주의할 필요가 있다. 언제 어떤 방식으로 하락할지의 문제이지, 앞으로도 계속 오른다고 장담할 수는 없다.

그렇다면 부동산 투자를 어떻게 해야 할까? 주거용이 아닌 부동산, 즉 토지 투자를 눈여겨보자. 서민들은 한결같이 주거용을 바라보지만 진짜 부자는 토지로 돈을 번다. 토지 투자에 대한 흔한 오해 중 하나가 큰돈이 있어야 한다는 것이다. 하지만 500만 원만 있어도 할 수 있는 것이 토지 투자이다. 처음부터 큰 규모로 하지 말고 자신의 경제 상황에 맞게 작은 규모부터 차근차근 시작해보면 된다.

수강생들을 지도해서 적은 비용으로 토지를 낙찰받도록 도와준 경험이 많다. 경남 남해에 100평이 채 안 되는 감정가 800여만 원의 작은 토지를 응찰해 300만 원대로 낙찰받았다. 도로 건너편에 개울이 흐르고 도보 거리에 편의시설이 갖춰진 좋은 위치였다. 지적도상 맹지였지만 하천을 따라 면 단위 사업으로 포장한 도로가 접해 있었다. 다른 사람들은 지적도만 보고 접근하지 않는 토지를 현장 답사로 발견했다.

지적도상 맹지라는 이유로 주변의 토지 가격보다 저평가된 토지를 낙찰받았기 때문에 나중에 되팔 때 도로에 접한 토지라는 점을 부각하면 매입가보다 더 높은 가격에 매도할 수 있다. 열심히 손품 발품을 팔다 보면 저렴한 가격에 좋은 조건의 토지를 찾을 수 있

다. 적은 돈으로 어떻게 투자할 수 있는지 뒤에서 차근차근 풀어볼
것이다.

부동산 정책을 보면 틈새가 보인다

　인터넷을 보면 정부의 부동산 정책에 대한 비판과 비난이 많다.
물론 어떤 형태로든 불만을 표현하는 것은 필요하다. 국민들이 자
기 의사를 표현해야 정책 입안자들이 참고할 수 있다.
　하지만 부자들은 자기 의사를 표현하는 것으로 끝나지 않는다.
그들은 정부의 정책을 적극적으로 이해하려고 한다. 어쩌면 정책
을 만든 사람들보다 더 파고들어 연구할지도 모른다. 그래야 틈새
를 찾을 수 있기 때문이다. 정부는 시장을 선도하려고 하지만 현실
은 그렇지 않다. 부동산 시장에서 어떤 움직임이 나오면 그에 따라
대책을 만들기 때문에 언제나 시장보다 한 발 늦은 정책을 펼 수밖
에 없다. 부자들은 이런 한계점을 비교적 정확하게 파악한다.
　현 정부 초기 부동산 규제는 대개 개인을 향해 있었다. 사업을
하는 이들까지 규제 대상이 되지 않았다. 이 틈새를 파악한 이들은
1인 법인으로 임대사업자 등록을 했고, 취득세·재산세·임대소득
세·건강보험료·양도소득세 감면 등의 혜택을 알차게 챙겼다. 지
금은 임대법인도 규제 대상이 되어 혜택이 축소되고 있다.
　따라서 임대사업자가 아니라 부동산개발법인을 설립하고 토지를
매입하여 사업 목적으로 개발해서 매도하는 것이 좋다. 부동산개

발업으로 토지를 성형수술하고 가치를 높여서 매도하는 것이다.

「부동산개발업의 관리 및 육성에 관한 법률」에 따르면 부동산개발업은 '타인에게 공급할 목적으로 부동산 개발을 수행하는 업'을 말한다. 타인에게 공급하기 위해 건설공사의 수행 또는 형질 변경의 방법으로 토지를 조성하는 행위, 건축물 등을 건축·대수선·리모델링 또는 용도 변경하거나 공작물을 설치하고자 하는 사람은 부동산개발업 등록을 해야 한다.(《부동산용어사전》, 부연사, 2020)

부동산개발업은 원래 등록제도가 없었다. 다만 영세하고 전문성이 부족한 개발업자들 때문에 소비자들이 피해를 입는 사례가 늘어나면서 2007년에 제도가 신설되어 일정 규모 이상의 부동산을 개발하고자 한다면 반드시 부동산개발업을 등록하도록 했다.

그렇다면 어떤 경우에 등록이 필요할까? 건축물(연면적)은 3천 제곱미터(연간 5천 제곱미터) 이상, 주상복합(비주거용 연면적)은 3천 제곱미터(연간 5천 제곱미터) 이상이고 비주거용 비율이 30% 이상인 경우에 한정하며, 토지(연면적)는 5천 제곱미터(연간 1만 제곱미터) 이상의 부동산 개발을 하고자 한다면 등록해야 한다.

부동산개발업 등록을 위한 자본금은 개인은 6억 원 이상, 법인은 3억 원 이상이며, 2인 이상의 전문 인력(변호사, 공인회계사, 감정평가사, 공인중개사·법무사·세무사, 건축사, 건설기술자, 자산운용사)이 있어야 한다. 사무실은 자택으로 할 수 없고 근린생활 시설이나 사무소, 업무 시설 등으로 표기된 곳이어야 한다.

이처럼 부동산개발업의 조건은 까다롭고 복잡하다. 이를 충족하지 못하면 부동산개발업을 할 수 없는 걸까? 그렇지 않다. 위의 내용을 잘 들여다보면 틈새가 보일 것이다. 위에서 언급한 규모 이하로 개발한다면 등록하지 않아도 되는 것이다.

부동산개발업 등록 제외 대상

- 건축물(연면적) : 3천 제곱미터(연간 5천 제곱미터) 이하
- 주상복합(비주거용 연면적) : 3천 제곱미터(연간 5천 제곱미터) 이하, 비주거용 비율 30% 이하
- 토지(연면적) : 5천 제곱미터(연간 1만 제곱미터) 이하

이것이 틈새시장이다. 부동산 개발에 대해 잘 모른다면 법안의 복잡한 조건을 갖추어 사업을 하기가 쉽지 않다. 조건을 충족하더라도 잘 모르는 상태라면 쉽게 접근하지 않는 것이 좋다. 사업자 등록을 하고 부동산개발업 등록 범위 이하로 차근차근 경험을 쌓으면서 사업을 해보자.

나 역시 이렇게 시작한 부동산 개발 사업을 지금까지 하고 있다. 법인과 개인 양쪽으로 1년에 2만 제곱미터(약 6,050평) 정도를 개발하여 매매를 한다. 쉽게 말하면 가치가 적은 부동산을 매입하고 개발해서 가치를 높여서 다시 파는 것이다. 대부분의 사람들은 이미 개발된 토지를 매입하기 때문에 투자수익을 얻지 못하거나 많은 시간이 필요하다. 개발되지 않은 자연 상태의 토지는 가격이 저렴하므로 그만큼 개발 이익을 얻을 수 있다.

토지를 매입하면서 매도인의 이름으로 3천 제곱미터로 허가 신청

을 하고, 잔금을 처리할 때 허가 명의를 변경하기도 한다. 건축법상 건축 허가를 받은 날로부터 2년(일반 건축물의 경우이며, 공장은 3년), 건축 신고를 한 날로부터 1년 내 공사를 착수해야 한다(1회에 한해 1년 이내에 연장 가능). 또한 토지의 잔금 기간은 3~4개월로 주택보다 긴 편이다. 매입 전에 매도인 이름으로 먼저 건축 허가를 신청하고 잔금 때 허가 명의를 바꾸면 잔금일 지체로 인해 허가가 지연되는 걸 막을 수 있다. 이런 방식으로 1년에 세 번 정도 하면 1만 제곱미터 이하로 개발할 수 있다.

이번 문재인 정부의 부동산 정책은 살얼음판 같다. 부동산 투자는 정부의 정책에 따라 희비가 엇갈리지만 어떤 정책이든 틈새는 있는 법이다. 약 20여 년 전 미등기 전매를 규제할 때도 틈새를 찾았다. 부동산 거래자들 입장에서 미등기 전매는 세금을 절약하기 위한 수단이었으나, 정부 입장에서는 사실상 세금 포탈이었다. 많은 사람들이 그렇게 하니까 아무도 죄의식을 느끼지 않고 스스럼없이 했다.

미등기 전매를 하지 못하게 되자 더 이상 부동산 투자로 돈을 벌 수 없다고 생각했다. 그러나 나는 토지를 사서 개발한 후 매도하는 틈새시장을 찾았다. 임야나 농지를 사서 개발한 후 택지를 만드는 비용으로 절세를 했다. 개발비에는 공사비, 물건 사업비, 인건비, 접대비 등 필요경비를 다 넣을 수 있고, 법인으로 진행하면 양도세가 아닌 법인세를 내기 때문에 절세가 가능하다(개인은 양도세, 법인은 법인세 적용). 정책을 거스르기보다 정책에 맞춰 할 수 있는 일을 찾아나갔던 것이다.

　대다수 국민들은 아파트 투자를 바라보지만 앞으로 바뀔 세상을 대비해 장기적인 안목으로 부동산 투자를 하는 것이 좋다. 부동산 투자의 유행을 따르지 말아야 한다. 부동산을 매입할 최고의 시기는 아무도 그 부동산을 원하지 않을 때이다. 남들과 같은 생각으로는 절대 부자가 될 수 없다. '나도 저 사람처럼 될 거야!'라고 부자들의 방법을 무작정 따르기보다 성공 방법을 분석해서 자신에게 맞는 투자를 해야 한다.

　진짜 부자들이 건물보다 토지를 통해 돈 버는 방법을 살펴보고 자신에게 맞는 것을 찾아보자. 한 걸음 한 걸음 나아가다 보면 내 길을 찾을 수 있을 것이다.

무엇을 사고, 무엇을 팔아야 할까?

한 수강생이 상담 신청을 했다. 대형 아파트를 분양받아서 살고 있는데 아파트 시세가 계속 하락해 15년이 넘은 지금까지 30평대 중형 아파트 시세와 동일하다면서 오를 거라는 기대를 접고 부동산중개소에 내놓았다고 했다.

"아파트를 팔려는 이유가 뭐예요?"

"아이들 교육 때문에요. 좀 더 좋은 환경으로 옮기고 싶어서요."

"그 아파트를 얼마에 팔고 싶으세요?"

그는 시세보다 1~2천만 원 정도는 더 받고 싶다고 부동산중개소에 당부했다고 했다. 시세보다 비싸게 팔고 싶은 것은 당연한 마음이니 그런가 보다 했다. 하지만 알고 보니 분양가보다 시세가 많이 하락했기 때문에 조금이라도 더 받고 싶었던 것이다.

나는 2가지 안을 내놓았다. 첫 번째는 과감히 1~2천만 원 싸게 팔아서 갈아타기를 하는 것이고, 두 번째는 아파트를 팔지 말고 두 채로 쪼개는 리모델링을 해서 한쪽은 직접 거주하고, 나머지 한쪽은 월세를 놓는 것이었다.

팔 때 - 내 부동산의 가치는 어느 정도인가?

왜 이런 조언을 했을까? 2가지 안은 서로 다른 내용이지만 공통점이 있다. 바로 부동산의 가치를 높이는 것이다. 첫 번째는 지금 살고 있는 아파트가 분양가보다 더 떨어질 정도로 가치가 높지 않으니 빨리 팔아서 더 가치가 높은 아파트로 갈아타는 방법이다. 시세보다 더 많이 받겠다고 집착하다가는 매매 시기를 놓칠 수 있으니 가능한 빨리 파는 데 중점을 두었다.

두 번째는 선호도가 낮은 아파트이지만 대형이라는 특징을 살려서 가치를 높이는 방법이다. 한 채를 두 채처럼 만든 것을 세대 구분형 아파트라고 하는데, 1가구 1주택을 유지하면서 월세 수익을 창출할 수 있다. 나중에 매도할 때 이 같은 장점이 부각되면 시세보다 좋은 가격에 팔 수도 있다.

2가지 안의 공통점을 파악한 수강생은 곧바로 행동에 나섰다. 그는 부동산중개소에 전화해 매도가를 조정했고, 이사를 가고 싶어 하는 곳의 경매 물건을 조사하기 시작했다. 그는 어떤 결과를 얻었을까? 보유한 아파트를 매도하고 원하는 지역에서 중형과 소형 아파트를 각각 1채씩 매입했다. 한 채는 본인이 살고 다른 한 채는 임대를 놓았는데, 2가지 안의 절충안을 찾은 그의 선택이 신선해 보였다.

사람들은 모두 자신의 집을 비싸게 팔고 싶어 하면서 새로 살 집은 싸면 좋겠다고 한다. 내 것은 비싸게, 남의 것은 싸게, 이율배반적이지 않은가. 이런 마음으로는 적절한 시기에 알맞은 거래를 하기 어렵다.

원하는 때에 맞춰 매도하고 싶다면 보유 중인 부동산의 가치를 정확하게 파악하고 그에 맞는 적정가를 책정해야 한다. 부동산 거래를 하는 모든 사람들은 가치 있는 부동산, 즉 '똑똑한 한 채'를 갖고 싶어 한다. 똑똑한 한 채를 사고 싶다면 현재 보유 중인 물건을 조금이라도 비싸게 받겠다고 시간을 끄는 것은 좋지 않다. 빨리 갈아타서 좋은 물건을 매입해 높은 수익을 노리는 게 훨씬 더 현명한 선택이다.

살 때 - 무엇을 하고 싶은가?

내가 사는 곳은 도심에서 떨어진 시골 마을로, 근처에 축분비료를 만드는 공장이 하나 있다. 원래는 우시장만 있었는데 나중에 그 옆에 축분비료 공장이 생겼다. 20년 전보다 공장의 규모가 엄청 커졌고 그럴수록 냄새도 심해서 그곳을 지나갈 때는 자동차 창문을 반드시 닫아야 했다.

어느 날 지인이 축분비료 공장 앞에 있는 건물을 하나 보여주면서 자기가 사겠다는 것이었다. 부동산 투자를 제법 잘하는 사람이긴 했지만 너무 의아해서 "이걸 사서 뭐 하려고 그래요?"라고 물었다.

"우시장이 있으니까 식당을 하면 잘되겠죠. 중국집 하려고요."

"여기서요?"

중국집을 하면 축분비료 냄새가 음식 냄새에 묻힐 것 같다고 했다. 주변에 식당이 없으니 경쟁력도 있을 것 같다는 말도 덧붙였다. 당황스러움을 억누르며 그를 말렸다.

"이곳에 왜 식당이나 주택이 없겠어요? 다 이유가 있는 것 아니겠어요? 누가 이렇게 냄새가 심한 곳에서 밥을 먹으려고 하겠어요. 매입하지 마세요."

강한 반대에 그의 낯빛이 조금씩 달라졌다. 하지만 그는 매입하겠다는 뜻을 굽히지 않았다. 잘 아는 부동산중개소에서 소개했는데, 임장을 해보니 썩 마음에 들지는 않았지만 다른 부동산보다 훨씬 저렴해서 손해 볼 것 같지는 않다고 했다. 더구나 식당을 하면 수익을 낼 수 있겠다는 기대감도 품고 있었다.

너무나 뻔히 보이는 실패의 구덩이로 발을 담그는 걸 두고 볼 수 없어 끈질기게 설득한 끝에 그는 해당 부동산 매입을 포기했다.

가끔 그곳을 지나갈 때면 그 일이 떠오른다. 그 건물에 들어오는 사람들은 1년을 채 넘기지 못하고 나갔다. 업종이 계속 바뀌었고, 때로는 공실로 남아 있기도 했다. 20년 전의 가격으로도 여전히 매매가 되지 않은 채 임대도 잘되지 않는 애물단지였다.

"그 물건을 왜 사려고 해요?"라고 물어보면 "시세보다 저렴하니까요"라고 대답하는 사람들이 많다. 물건을 매입하려는 첫 번째 이유가 '시세보다 싸다'는 것이어서는 안 된다. 어떤 용도로 쓸 것인지를 생각하고, 그 업종과 잘 부합하는 입지인지를 살펴야 한다. 아울러 매도인이 팔려고 하는 이유가 무엇인지도 확인하는 것이 좋다.

부동산을 매입할 때는 거래 목적을 분명히 정하고 그에 맞는 입지를 찾아야 한다. 식당을 하고 싶은지, 창고 임대업을 하고 싶은지, 스키용품점을 하고 싶은지, 목적이 분명하다면 엉뚱한 물건에 현혹되지 않는다.

남들이 안 한다고 해서 블루오션이라고 판단하는 것은 위험하다. 남들이 안 하는 데는 그만한 이유가 있다. 물론 남들이 안 하는 이유를 살펴보면서 틈새시장을 찾는 이들도 있다. 하지만 이들은 치열하게 상권 분석을 하고 '진짜 빈틈'을 찾는 것이다. 사고 싶다는 생각에 물건을 억지로 끼워 맞추는 것이 아니다.

부동산 거래는 상식적이어야 한다. 매입 혹은 매수하기만 하면 대박이 나는 물건은 없다. 팔 때는 그 가치를 정확히 파악해서 적정가를 책정하고, 살 때는 매입 후 무엇을 할 것인지 시장 분석을 통해 결정하자. 그렇게 해야 제대로 된 수익을 기대할 수 있다.

오피스텔을 보면 트렌드를 알 수 있다

　상가나 주택을 사서 임대수익을 올리는 방법은 재테크의 상식이 되었다. 재테크 용도로 거론되는 건물 중 가장 접근하기 쉬운 것이 오피스텔이다. 큰 금액을 투자해야 하는 상가보다 소액으로 해볼 수 있기 때문이다. 인구는 감소 추세이지만 1인 가구는 증가하고 있으므로 오피스텔 임대로 노후 준비를 하겠다는 사람들이 늘어나고 있다.

　30년이 넘도록 다양한 물건을 취급해본 입장에서 오피스텔 투자는 신중을 기하는 것이 좋다. 당장 나올 임대수익만 보고 장밋빛 전망을 해서는 안 된다. 부동산에도 유행이 있다. 유행이 지면 가치가 하락하기 마련이고, 오피스텔을 비롯한 임대 부동산은 감가상각을 고려하지 않을 수 없다.

오피스텔의 미래를 보자

오피스텔의 미래가 궁금하다면 과거 부의 상징으로 간주되었던 콘도미니엄 분양권을 보면 된다. 콘도미니엄(Condominium)은 '공동통치'라는 의미로 하나의 부동산을 여러 구획으로 나눠서 여러 명이 소유하는 형태를 말한다. 건축의 형태라기보다 법적인 개념으로 하나의 건축물을 공동소유하는 형식이라고 볼 수 있다. 미국과 유럽에서는 주거 시설인 분양형 아파트를 부르는 말인데, 우리나라는 흔히 콘도를 숙박 시설로 부른다. 30여 년 전에는 경제적 여유가 있는 사람들이 콘도미니엄을 분양받았다.

지금은 어떤가? 펜션, 풀빌라, 에어비앤비 등 숙박 시설이 다양해지면서 콘도의 인기가 시들해졌다. 건물에 대한 감가상각으로 회원권의 가치는 더욱 추락해 토지 지분만 남아 있는 형국이다. 콘도회원권 하나의 토지 지분은 많아야 1~2평에 불과하다. 회원권을 매수할 때는 건물 가치까지 감정평가를 받아 비싸게 사지만, 시간의 흐름에 따라 건물 가치가 하락하여 결국 토지 1~2평에 대한 평가만 남는 것이다. 그것마저도 수많은 사람들과 공동소유를 하기 때문에 권리 행사를 제대로 하지도 못한다. 가끔 경·공매 시장에서 수십만 원대까지 하락한 콘도미니엄 회원권을 확인할 수 있다. 이것이 바로 부동산의 트렌드 변화를 보여주는 실례이다. 오피스텔 역시 콘도미니엄 회원권처럼 되지 않으리라는 보장이 없다.

그렇다면 오피스텔 투자를 피해야 하는 걸까? 그런 의미는 아니다. 유행을 뒤쫓지 말고 철저한 시장 분석에 따라 투자해야 한다.

오피스텔은 업무용과 주거용으로 나뉜다. 2020년 8월 12일 이후에 취득한 주거용 오피스텔은 주택 수에 포함된다. 집을 한 채 소유하고 있는 사람이라면 오피스텔 매매로 다주택자가 되므로 주의해야 한다. 다주택자는 강력한 대출 규제를 받기 때문에 매입할 때 금융권 대출 가능 여부와 금리, 대출 비율 등을 꼼꼼하게 알아보아야 한다. 업무용 오피스텔은 주택 수에 포함되지 않지만 임차인들이 전입신고를 하고 주거용으로 사용하면 주택 수에 포함되므로 주의해야 한다.

업무용 오피스텔은 주거용 대출 규제와 무관하고 다주택에 포함되지 않아서 투자하기에 적합하다. 물건을 잘 고른다면 기업이나 사업자를 상대로 안정적인 임대수익을 거둘 수 있다. 이왕이면 구축보다는 지은 지 얼마 안 된 신축이 좋고, 경·공매에 나온 업무용 오피스텔도 살펴본다.

오피스텔을 낙찰받으면 2가지 방법으로 경락잔금 대출을 받을 수 있다. 첫 번째는 감정가의 70%, 두 번째는 낙찰가의 80% 중 적은 금액을 경락잔금 대출로 받을 수 있으므로 물건에 따라 20~30%의 자금만 있으면 된다. 시세보다 20~30% 정도 저렴하게 매입하는 것을 목표로 도전해보면 좋다.

지인이 제주도에 건축한 지 30년 된 오피스텔을 봐달라고 부탁했다. 오래전에 지어진 오피스텔은 천장이 낮고 현관문은 녹이 슬어서 망가진 상태였다. 에어컨도 오래되어 작동되지 않았고, 화장실은 사람 한 명이 겨우 들어갈 정도로 비좁았다. 다 뜯어고치자면 너무 많은 비용이 들 것 같아 현관문과 벽지, 화장실, 바닥 공사만 해서 임대를 놔보려고 견적을 받아보니 수천만 원에 이르렀다.

제주도는 섬이다 보니 물류비가 포함돼 공사비가 육지보다 더 비싸서 건물 가치 상승보다 리모델링 비용이 더 많이 들어갈 것 같았다. 그렇다고 방치하자니 임대가 나가지도 않고 세금 부담만 가중되었다. 지인은 노후연금처럼 매달 따박따박 들어오는 월세를 기대하고 오피스텔을 매입했다. 한동안 임대수익을 올렸으나 이제는 어렵게 되었다며 속상한 마음을 감추지 못했다.

오피스텔을 포함해 임대사업을 하는 것은 좋다. 그러나 물건 하나를 사서 황금알을 낳는 거위처럼 생각하면 안 된다. 임대 부동산은 끝까지 가져갈 자산이 아니다. 감가상각을 고려해서 어느 정도 수익을 올리고 나면 시의적절하게 매도해야 한다.

제주도 지인은 오피스텔을 경매로 매입해서 30년 가까이 보유하며 투자수익을 올렸지만 매도 타이밍을 놓쳐서 어려움을 겪고 있었다. 오피스텔 투자 기간은 신축된 시점부터 15년으로 길게 잡아야 한다. 신규 분양보다는 신축한 지 3~5년 정도 된 오피스텔을 목표로 경·공매를 이용해 시세보다 20~30% 싸게 매수하고, 10년 정도 임대하다가 매도하는 것을 추천한다.

오피스텔 투자의 3가지 원칙

부산에 거주하는 수강생에게 경남 통영의 한 오피스텔 경매를 추천해준 적이 있다. 당시 남해안 지역의 산업이 침체되면서 거제와 통영까지 영향을 미쳤지만 통영은 이름난 관광지로서 다른 지역보다 빨리 회복할 거라고 판단했다. 오피스텔은 통영의 중심지에 위치하고 바닷가에 인접해 전망이 아주 좋아 임대를 놓는 데는 별 어려움이 없을 거라고 예상했다.

수강생이 부동산 투자 감각을 익히는 훈련을 하는 데도 적합한 물건으로 보였다. 당시 감정가는 6,600만 원이었는데 2회 유찰되고 64%로 3회가 진행될 예정이었다. 감정가 대비 70%(4,620만 원)에 응찰해서 낙찰받는 데 성공했다. 낙찰 금액의 80%에 가까운 3,500만 원을 경락잔금 대출로 신청했고, 나머지 1,120만 원과 공과 잡비, 등기 비용을 포함해 1,300만 원의 투자금으로 오피스텔 한 채를 소유하게 되었다(2021년 12월 31일까지 일시적으로 취득세를 감면해주는 정책에 따라 최초임대사업자등록으로 취득세를 감면받았다). 그는 등기를 마친 뒤 보증금 300만 원에 월 40만 원씩 월세를 놓아서 1,300만 원의 투자금 중 300만 원을 회수했다. 매달 들어오는 임대수익은 연 3.7%의 대출이자 상환(연 129만 5천 원, 월 10만 7,916원)을 제외하면 매월 약 29만 원 정도라고 한다. 연 34.8%의 수익률을 올리는 것이다.

투자금을 한 번에 회수할 수는 없지만, 1천만 원을 은행에 예금한다 해도 한 달에 29만 원의 이자가 나올까? 절대 그렇지 않다. 오피스텔 투자를 하고 싶다면 이렇게 해야 한다. 첫째, 입지 조건을 잘 살펴서 좋은 물건을 골라내고, 둘째, 경·공매를 통해 시세보다 저렴한 가격에 낙찰받고, 셋째, 감가상각을 고려해 건축 후 최대 15년을 넘지 않는 선까지 보유하면서 임대수익을 얻는다. 이 3가지를 지킨다면 투자 대비 수익률이 높을 수 있다.

모든 부동산이 그렇지만 특히 오피스텔은 교통 요건이 가장 중요하다. 오피스텔에 사는 사람들은 청년층이거나 아니면 아예 연로하신 노년층의 1~2인 가족이기 때문이다. 그러므로 대중교통이 잘 발달된 곳이어야 꾸준한 임대수익을 기대할 수 있다.

아파트는 천정부지로 오르는 데다 앞으로 1인 가구가 늘 수밖에 없으니 오피스텔로 시선을 돌리는 사람들이 많다. 하지만 오피스텔 투자는 토지 지분이 적기 때문에 더욱더 신중해야 한다. 오피스텔 투자는 부동산 투자를 공부하는 차원에서, 그리고 위의 3가지 조건을 충족했을 때 도전하길 권한다.

갭투자, 해도 될까?

부동산 갭투자는 몇 년 전에 엄청나게 유행했다. 갭투자는 어떤 사람들이 하는 걸까? 돈 많은 자산가는 갭투자를 하지 않는다. 그들은 저평가된 부동산을 구입하고 개발해서 가치를 올려 되파는 투자를 한다. 이렇게 큰돈을 움직이는 자산가는 투기꾼으로 몰리지도 않는다.

갭투자에 뛰어드는 건 착실하게 종잣돈을 만든 서민들이다. 열심히 모은 돈과 대출을 활용해서 부자로 가는 사다리를 만드는 것이다. 정부가 다주택자에 대한 규제를 강화하면서 갭투자 유행이 잦아들었지만, 갭투자는 서민들의 자산 증식 수단 중 하나이기에 언제든지 부활할 수 있다. 그러면 지금 시점에 갭투자로 돈을 벌 수 있을까?

결론부터 말하자면 어느 시장이든 틈새가 있기 마련이므로 철저하게 공부한 사람들은 이익을 볼 수 있다. 단, 남을 따라 하지 말고 나에게 맞는 투자 방식을 찾아야 한다. 앞으로 부동산 시장은 지역별·유형별로 세분화되고 양극화는 더 심해질 것이다. 그래서 부동산 투자를 하지 않으면 부의 격차를 더 크게 느낄 수 있다. 매매가 대비 전세가가 높은 지역에 경·공매를 통해 시세보다 10~30% 정도 싸게 사는 걸 기본으로 해서 투자 물건을 골라보자.

물건을 찾을 땐 남들이 선호해서 이미 값이 오른 곳보다, 내가 잘 아는 지역을 살펴보는 게 좋다. 지금 사는 곳, 고향, 직장 부근 등 내가 자주 다니고, 잘 아는 곳을 유심히 살펴보자. 자주 다니는 곳이라면 정보를 알아보기가 쉽고, 변화 요소나 호재가 있는지 관찰하기도 수월하다.

부자들은 왜 주택보다 '토지'를 좋아할까?

많은 사람들이 부동산 투자에 관심을 가지고 있다. 어떤 사람은 아파트를 사고 싶어 하고, 상가를 사서 매월 임대수익을 얻고 싶어 하는 사람들도 있다. 투자는 무엇보다 자신의 환경과 목적에 맞아야 한다. 살 주택이 필요하다면 입지를 고려하고 경·공매 물건을 함께 조사한다.

그런데 개인의 환경과 목적을 떠나서 공통적으로 추천하는 것이 있다. 바로 토지 투자이다. 토지 투자를 권하는 이유는 여러 가지 있지만, 무엇보다 과거를 되짚어보고 미래를 생각하면 '답'이 나온다.

앞으로 우리는 몇 살까지 살 수 있을까? 100세 시대를 넘어 120세를 전망하는 전문가들이 많다. 직업 수명은 짧아지는데 신체 수명은 길어지는 미래가 반가운 한편 불안하기도 하다.

"노후 준비는 어떻게 하고 계세요?"

"국민연금 받는 걸로 살아야죠."

"저는 국민연금 말고도 연금보험이 있어요. 2개 합하면 괜찮을 것 같아요."

베이비부머 세대에게 노후 준비를 해두었냐고 물어보면 시원하게 답하는 사람이 별로 없다. 자식들을 위해 헌신하느라 노후를 준비할 여력이 없기 때문이다. 국민연금과 개인연금, 2개를 갖고 있다고 말하는 사람들도 많지 않다. 그런데 이 2개만 있으면 걱정 없는 노후를 보낼 수 있을까?

개발의 중심에 토지가 있다

나는 보험을 좋아한다. 알 수 없는 미래의 위험을 대비하는 차원에서 보험은 꼭 필요하다고 생각한다. 그러나 연금보험이 내 삶을 보장해준다고 생각해본 적은 없다. 보험회사는 영리를 추구하는 기업이다. 회사의 이익보다 보험 가입자의 노후를 먼저 생각하지 않는다는 말이다. 게다가 인플레이션을 고려한다면 아무리 꾸준히 보험금을 납부해도 10, 20, 30년 후까지 현재의 가치로 남아 있지는 않을 것이다. 20~30년 전만 해도 노후 생활비로 월 150만 원이면 충분할 거라고 여겼다. 지금은 노년의 부부가 한 달을 살기에 턱없이 부족한 금액이다.

난 오로지 현금만으로 미래를 준비하기보다 부동산을 통해 자산 가치를 불리는 방식이 낫다고 생각한다. 그래서 오래전부터 여유가 있을 때마다 자투리 토지를 샀다. 작은 토지를 노후에 하나씩 팔아서 생활비로 쓸 생각이었다. 그렇게 토지를 사서 건물을 짓고 길을 닦아 토지의 가치를 높였고, 임대를 놓거나 되팔기도 하면서 자산을 불려나갔다. 아무것도 없던 시절에는 100만 원, 1천만 원 모으기가 너무나 힘들었는데, 자산이 늘어날수록 돈을 벌기가 쉬워졌다. '돈이 돈을 버는 구조'를 만들어야 한다는 말이 맞았다.

나 역시 젊었을 때 회사를 다녔다. 당시 회사에서 거래하는 은행의 지점장님과 가끔 이야기를 나눌 기회가 있었다. 자그마한 체구에 약간의 신체 장애가 있었지만 성격이 진취적이고 항상 밝은 분이었다. 그 덕분인지 그가 근무하는 지점은 전국 1위의 영업 실적을 자랑했다. 그분의 얘기 중에 아직도 기억에 생생한 것이 있다.

"적금이 만기되면 무조건 시외에 토지를 사요. 미국은 슈퍼마켓이 모두 대형이에요. 우리나라처럼 구멍가게가 아니라 거대한 창고에 박스째 쌓아놓고 팔거든. 아마 우리나라도 20년 뒤에는 그렇게 될 거예요. 앞으로 뭐든지 대형으로 해야 승부가 나는 세상이 될 거라고요. 그러면 무엇보다 토지가 있어야 하지 않겠어요."

그는 조금씩이라도 토지를 사두면 좋은 일이 생길 거라고 신신당부했다. 40년 전 그의 말은 먼 나라의 이야기처럼 들렸는데, 오늘날 현실이 되었다. 언제부턴가 우리나라에 대형 마트가 생기고 세계적인 체인형 마트도 진출했다. 인구가 늘어나고 의식주 수준이 향상되면서 소비 패턴도 달라진 것이다.

지금 세계는 20년 전보다 더 급격하게 변화하고 있다. 빠르게 변화하는 산업의 중심에 토지가 있다. 산업이 어떻게 변화하든 간에 토지가 필요하다. 마트를 짓든, 물류창고를 짓든, 최첨단 산업기지를 짓든, 어떤 변화를 꾀하든 토지가 있어야 한다. 토지야말로 전통적이면서 미래까지 아우를 수 있는 자본의 가치를 지닌다.

소중한 돈, 일단 '토지'에 묻어보자

수년 전 내 강의를 듣던 한 사람이 자신의 누나를 만나달라고 부탁했다. 누나가 부동산으로 소송에 휘말렸으니 도와달라는 것이었다.

매형이 사망하면서 아내와 아이들에게 서울 종로구에 위치한 오래된 상가 건물 두 동(A, B)을 남겨주었는데, 수십 년 전에 매형이 친구들과 1/2 지분으로 매입한 것이었다. 누나는 아이들과 미국에서 살고 있었다. 그사이 건물 A의 1/2 지분자가 사망했고, 건물 B의 1/2 지분자는 파산하여 자기 지분을 경매로 날렸다. 그 바람에 누나는 건물 B를 제3자와 공동소유하게 되었다. 누나는 건물 A의 1/2 지분을 인수한 다음 허물고 4층짜리 건물을 신축했다.

그런데 건물 B는 일면식도 없는 제3자와 토지를 공동소유한 상태인 데다 무허가 건물로 지상권(건물이나 수목, 기타 공작물工作物을 소유하기 위해 타인의 토지를 사용할 수 있는 물권物權) 문제가 복잡하게 얽혀 몇 년째 소송을 진행하고 있었다.

종로와 청계천의 오래된 상가들 중에는 타인 소유의 토지를 침범해서 확장해 지었거나, 내 토지 구역 안에 있지만 건축 허가를 받지 않고 조금씩 늘려간 건물이 꽤 있었다. 건물이 자기 소유 토지와 타인 소유 토지 양쪽에 걸쳐 있기도 하고, 내 토지에 건축물 대장에 등록되지 않은 무허가 건물이 있기도 하다. 경매를 위한 감정평가를 할 때는 타인 소유 토지에 있거나 내 소유이지만 허가받지 않은 건축물이나 구조물이 있는 경우 '제시 외 건물'로 제외한다.

건물 B의 공동지분자는 법인인데, 무허가 건물은 빼고 토지만 낙찰받은 상태였다. 법인은 토지에 지어진 무허가 건축물에 대해 지료 청구 소송(토지의 소유자가 아닌 사람이 무단으로 토지를 사용하거나 건물을 지었을 때 토지 소유권자가 지료를 청구하는 소송)을 파산자(건물 B의 1/2 지분자로서 파산한 사람)에게 제기했고, 누나는 연대 책임자로서 파산한 건물주의 지료를 대신 내주고 있었다. 설명을 들어도 알아듣기 힘들 정도로 이해관계가 얽히고설켜 있는 데다 등기부등본도 복잡해서 나도 모르게 머리를 절레절레 흔들었다.

건물 A와 B 그리고 소송 내용까지 세심하게 살펴보고 있을 때, 마침 법인이 공동지분자인 누나 소유의 토지와 합법적 건물을 매입하겠다는 의사를 밝혔다. 좋은 기회다 싶어 누나에게 원하는 매도 가격을 물어보았다. 부동산 거래에서 언제나 매수인은 시세보다 싸게 사고 싶어 하고 매도인은 조금이라도 더 받으려 애를 쓴다. 이 경우도 그랬다.

나는 건물 소유주의 매도 의사를 분명히 확인한 후 법인 대표를 만났다. 건물 소유주의 입장을 잘 설명하면서 법인 대표가 사업가로서 배포를 발휘할 수 있도록 설득했다. 법인 대표뿐 아니라 법무팀, 이사들과 여러 차례 협의를 거쳐서 마침내 매도인이 원하는 가격에 매매 계약이 성사되었다. 남편이 사망하고 골치 아픈 소송에 시달리면서 힘들어했던 건물 소유주는 이제야 홀가분해졌다며 고마움을 전해왔다.

위의 사례를 해결하면서 다시 한 번 느낀 점은 "토지는 거짓말을 하지 않는다"는 사실이다. 건물 소유주는 법인과의 거래를 통해 남편이 투자했던 비용의 수백 배에 달하는 양도차익을 거두었고, 거기에 더해 매월 들어오는 임대수익으로 안정된 생활을 할 수 있었다. 남편이 건물을 매입하지 않고 돈을 은행에 넣어두었다면 그 정도 수익을 올릴 수 있었을까? 모두가 알다시피 불가능하다.

건물은 시간이 지나면 낡아져서 임대수익을 거두기가 점점 어려워진다. 그러나 토지는 그렇지 않다. 위의 건물 소유주가 돈을 벌수 있었던 것도 토지 지분 때문이었지 건물 때문이 아니었다. 시간이 흐름에 따라 건물의 가치는 떨어졌지만 토지의 가치가 더 많이 상승해서 건물 소유주가 앞으로 살아가는 데 큰 힘이 되었다. 역시 부동산 투자의 꽃은 토지인 것이다.

'토지'라는 드라마의 주인공이 되자

나는 항상 '돈은 내가 버는 것이 아니라 남이 벌어준다'고 생각한다. 그러기에 부동산중개사들을 좋은 마음으로 대하려고 노력한다. 좋은 마음은 좋은 마음으로 돌아온다. 시세보다 저렴한 급매물이나 좋은 물건이 나오면 먼저 알려주는 부동산중개사들이 있다.

어느 날 알고 지내던 부동산중개사가 좋은 물건이 있다기에 길을 나섰다. 10여 년 전에 소유주를 찾지 못해 포기했던 토지였다. 약 4만 2천 제곱미터(약 1만 2,700평) 넓이로 시내가 가까워 편의시설을 이용하기 좋고 강변에 붙어 있어 전망이 탁월했다. 자전거도로와 공원 등이 겸비되어 있어 주거용으로 활용하기에도 아주 좋은 토지였다. 지역 주민들이 "우리 동네에 마지막으로 남은 좋은 토지"라고 할 만큼 모든 면에서 마음에 들었다.

"저도 이 물건을 아는데, 소유주를 찾기 어렵던데요."

"소유주를 제가 알고 있어요."

부동산중개사의 말에 눈이 번쩍했다.

"그럼 제가 매수할 테니 드론으로 물건을 촬영해서 보내주시고, 소유주가 정말 매도할 뜻이 있는지 확실하게 확인하고 알려주세요."

10여 년 전에는 연결되지 않았던 물건이었는데, 부동산중개사 덕분에 매매 계약을 체결할 수 있었다.

1960년대에 소유주의 아버지가 묏자리 목적으로 그 토지를 매입했는데, 마을의 야트막한 야산으로 그다지 가치를 인정받지 못했다고 한다. 하나둘 묘지는 늘어갔고 강 너머에 송전 시설이 있어서 이 토지에도 송전탑이 세워졌다. 아버지는 "나라가 하는 일이니 왈가왈부하지 말고 가만히 있어야 한다"고 했다. 아무에게도 관심받지 못하고 별 볼일 없는 토지로 남아 있다가 아버지가 사망하면서 어머니와 4명의 자녀가 상속받았다.

그런데 세월이 흐르면서 조금씩 변화가 생겨났다. 강 건너 송전

시설이 이전하고 송전탑은 지중화(땅속에 설치)되었다. 4대강 사업으로 강변이 정리되면서 공원과 자전거도로도 생겼다. 상속자들은 아무 말도 하지 않았는데 이들이 소유한 토지가 인근의 부동산 시장에서 모르는 사람이 없을 정도로 거론되기 시작했다. 그렇게 하찮게 여겨졌던 토지가 세월이 흐르고 시대가 바뀌면서 너무 좋은 환경을 가진 물건이 되었다. 결과적으로 아버지는 아내와 자녀들에게 큰 선물을 남겨준 것이다. 부동산 거래를 하다 보면 이렇게 부모에게 물려받은 토지로 큰돈을 쥐는 경우를 종종 본다.

돌이켜 생각하면 나 역시 돈 되는 부동산을 많이 놓쳤다. 대수롭지 않게 여겨서 매입하지 않았던 부동산들이 어마어마하게 상승해서 아쉬워했던 적이 한두 번이 아니다. 쓸모없던 임야에 큰 도로가 나면서 상업시설이 들어서는 것도 많이 보았다.

10여 년 전에 지인이 강원도 춘천의 임야를 샀다. 지도를 검색하고 토지이용계획확인원(해당 토지에 대한 규제 사항과 토지이용계획 등을 확인할 수 있는 공적 문서)도 찾아보니 해당 토지는 주변에 임야와 농지뿐이었고 도로도 없는 맹지였다. 그런데 몇 년이 지나 그 부근이 개발되면서 토지 앞에 4차선 도로가 뚫린다는 계획이 발표되었다. 매입할 때만 해도 사람들이 잘못 샀다면서 혀를 찼던 맹지였는데, 건너편에 대규모 아파트 단지가 들어서고 바로 앞에 4차선 도로가 뚫리는 기막힌 변신의 주인공이 된 것이다.

물론 모든 토지가 이런 드라마의 주인공이 되는 것은 아니다. 아무거나 덥석 산다고 값이 오르는 것도 아니다. 분명한 목적이 있고, 철저한 시장 분석을 한 후에 거래가 이뤄져야 한다. 평소에 부동산 공부를 열심히 하고 꼼꼼하게 물건을 조사하는 노력이 뒷받침되어야 한다.

오직 건물만을 바라보는 일반적인 투자 형태에서 벗어나자. 진짜 부자는 건물이 아닌 토지를 통해 탄생한다. 그러니 지금부터라도 토지 투자를 해보길 권한다. 토지는 결코 거짓말하지 않는다. 지금은 보잘것없어 보이는 토지라도 세월이 지나 개발이나 도시 확장 등을 통해 놀라운 가치로 탈바꿈할 수 있다.

지적도를 꼭 봐야 하는 이유

상품을 살 때 어떻게 사는가? 상점 한곳에 들러서 바로 사거나, 아니면 여러 곳을 돌아보면서 가격과 품질, 디자인 등을 비교해보고 살 것이다. 대개 후자가 많을 텐데, 가격이 높은 상품일수록 더 꼼꼼히 살펴본다. 좋은 물건을 합리적인 가격으로 사기 위해서 당연한 절차이다.

그런데 신기한 것은 상품을 살 때는 꼼꼼하던 사람도, 재테크를 할 때는 묻지마 투자를 하는 경우가 많다는 점이다. 주식을 공부하지 않고 지인들에게 찍어달라고 하거나, 10년 이상 장기 납입하는 보험을 가입하면서 제대로 알아보지 않고 재무설계사의 말에만 의지한다. 부동산을 살 때도 어느 지역 어떤 아파트를 사야 하느냐며 콕 집어달라고 한다.

큰돈을 움직이는 투자 영역에서 타인의 판단에 의지하는 이유는 무엇일까? 여러 가지 있겠지만 가장 큰 이유는 불안감 때문이다. 나보다는 '좀 더 지혜로워 보이는 타인'에게 의지하는 것이다. 하지만 투자야말로 열심히 공부하고 조사해서 스스로 판단하고 결정해야 한다.

토지를 사고 그 위에 건물을 짓는 데는 적잖은 비용이 들어간다. 제대로 준비하지 않으면 뜻하지 않은 불상사를 겪을 수 있다. 내가 실수할 수도 있고 부동산중개사의 실수로 낭패를 볼 수도 있는데 누가 잘못하든 모든 책임은 나에게 귀결된다. 따라서 부동산 투자를 할 때는 꼼꼼하게 알아보고, 누군가에게 맡기더라도 일이 잘 진행되고 있는지 하나하나 점검해나가야 한다. 그렇다면 토지 거래를 하기 전에 반드시 확인해야 하는 것들을 알아보자.

허가대로 건축했는데 준공허가를 거절당했다?

거래하던 공인중개사 사무실에서 토지를 하나 추천받았다. 생산관리지역의 임야 150평으로 건축허가가 났고, 토지 가격은 평당 100만 원으로 총 매매대금은 1억 5천만 원인데 그중 대출이 1억 2천만 원이었다. 위치가 괜찮고 건축허가를 이미 받았으니 3천만 원만 지불하면 되겠구나 싶어서 친한 지인에게 해당 물건을 살펴보라고 권유했다.

지인은 현지를 방문해서 물건을 확인한 후 매수 의사를 밝혔다. 먼저 계약금으로 2천만 원을 지급하고 대출금에 대한 이자만 지급하다가 준공이 나면 대출 승계를 하기로 하고, 잔금 1천만 원을 남겨두었다. 순조롭게 건축이 진행되어 준공허가를 받기 위해 준공측량(등록전환 측량)을 하던 중 깜짝 놀랄 만한 일을 발견했다.

150평이라고 했던 토지가 24평이 줄어든 126평뿐이었던 것이다. 분명히 매수할 때 150평이었고 그에 대한 건축허가가 나 있는 것도 확인하고 건축주를 변경하여 주택을 완공했는데 말이다. 준공허가가 나야 대출 문제도 마무리될 수 있는데 문제가 심각했다.

이 토지는 비도시지역의 생산관리지역이었기에 150평을 기준으로 계산하면 건폐율 20% 이하, 용적률 20% 이상 40% 이하가 적용된다. 그래서 건폐율 30평, 용적률 59평으로 허가가 났다(법적 한도 내에서 건축주 짓고 싶은 평수로 신청하면 되므로, 건축주가 그 안에서 준공허가를 낸 것이다). 건폐율은 대지면적에 대한 건축 바닥면적의 비율을 의미하는데, 쉽게 말해 대지면적 중에서 최대한 건축할 수 있는 면적의 비율이다. 용적률은 대지면적에 대한 건축물의 연면적(지하 부분을 제외한 지상 건축물에서 각 층의 바닥 크기를 더한 것) 비율을 말한다. 2가지 모두 「국토의 계획 및 이용에 관한 법률」이 정한 범위 내에서 지자체의 조례로 정한다.

토지가 24평 줄어든 상황에서 문제가 되는 것은 건폐율이다. 150평이 아니라 126평 기준으로 건폐율을 계산하면 25.2평으로 약 5평의 바닥면적을 없애야 하는 사태가 발생한 것이다. 방 하나를 없애야 건폐율에 맞춰 준공허가가 날 수 있는데, 2층으로 지어서 1층에 있는 방을 부술 수도 없었다. 지인은 건축허가가 난 토지를 매입하여 허가대로 건축행위를 했다고 해당 지자체에 호소했지만, 법대로 할 수밖에 없다는 말을 들었다. 건축허가가 났으니 건물만 잘 지으면 된다고 생각했다가 중요한 한 가지를 놓친 것이다. 그건 바로 지적도이다.

지적도(地籍圖)란 토지의 소재(所在), 지번(地番), 지목(地目), 경계(境界) 등을 나타내기 위해 국가가 만든 평면 지도를 말한다. 우리가 흔히 보는 일반적인 지도와는 다르다. 28개의 지목으로 세분화돼 필지별로 나뉘어 경계가 그려져 있는데, 토지에 대한 모든 정보가 담겨 있는 만큼 건축하거나 토지 거래를 할 때 반드시 확인해야한다. 정부24(www.gov.kr)와 국토교통부에서 만든 토지이음(www.eum.go.kr) 사이트에서 지적도 등본을 무료 열람할 수 있고, 전국의모든 주민센터에서 발급받을 수 있다.

우리나라의 지적도는 일제강점기에 측량돼 종이 도면에 기록된것이다. 최근까지 이것이 사용되어 실제 토지 현황과 지적도면이일치하지 않아 잦은 분쟁이 발생했다. 당시 측량 기술이 부정확했고 시간의 흐름에 따라 토지의 형태가 변하는 등 지적도를 신뢰할수 없는 상황이었다. 토지에 발이 달려서 이동하는 것도 아닌데 '지적이 밀렸다'고 표현하는 토지 경계 변화가 일어나고 있다. 2012년부터 정부는 지적 재조사 사업을 시작해 실제 현황과 지적도상의내용이 불일치하는 필지들을 조사하고, 아울러 종이 지적도면을디지털로 바꾸는 일을 진행하고 있다.

앞에서 말한 토지는 바로 지적도와 실제 토지 현황이 다른 경우에 해당한다. 지적도는 평수가 기재되지 않고 그림으로 경계만 표시된다. 이 토지는 원래 임야였는데 '토임'이 된 경우였다. 임야는 원래 '산' 자가 붙으며 임야대장과 임야도에 등재된다. 그러나 토임은 지목상 임야로 되어 있지만, 등록전환이 되어 토지대장과 지적도에 등재된다.

산지관리법과 건축법 등 관련 법령에 의해 토지의 형질 변경이나 건축물의 사용 승인이 이뤄져 토지의 지목을 변경해야 할 때 등록전환 대상이 된다. 토임이 되면 축척이 작은 임야도를 축척이 큰 지적도로 옮겨야 한다. 임야대장은 대개 6천 분의 1 축척이고 토지대장은 1,200분의 1 축척이므로 차이가 발생하는 것이다.

건축을 하려면 먼저 지자체로부터 공부상 면적(토지대장·건축물대장·등기부등본 등 국가나 지자체가 작성·비치하는 공부에 기재된 면적)으로 건축허가를 받는다. 그런 다음 지적현황측량(지상 구조물 또는 지형·지물이 점유하는 위치 현황을 실측하여 지적도 또는 임야도에 등록된 경계와 대비하여 표시할 때 실시하는 측량. 건물이 준공됐을 때 위치와 크기를 확인하는 것으로 정확한 토지 크기를 재는 것이 아니다)을 하여 허가 난 건축도면을 바탕으로 건축이 이뤄진다.

건축물이 다 지어진 후 준공허가를 받을 때 등록전환측량(임야대장에 등록된 토지를 토지대장에 옮겨 등록할 때 시행하는 측량)을 한다. 임야도와 이를 바탕으로 한 지적도 모두 토지 현황과 차이가 있었기에, 토지대장의 면적은 150평이었는데 등록전환측량에서 126평으로 확인되었던 것이다.

토지 매입 후 건축 순서

토지 매입 → 개발행위허가 신청/허가 → 건축설계 → 건축신고/허가 → 지적현황측량 → 착공신고 → 건축 → 등록전환측량 → 준공허가(사용 승인) → 건축물 보존등기

이처럼 등록전환 시 토지의 크기가 달라지는 경우가 심심찮게 발생한다. 이런 일을 예방하려면 어떻게 해야 할까? 토지를 매입하면 먼저 지적측량을 해서 정확한 토지 정보를 파악한 후 개발계획을 세워야 한다. 지적측량에는 경계복원측량, 지적현황측량, 도시계획선명시측량, 분할측량, 등록전환측량, 신규등록측량, 지적삼각(보조)점측량, 지적도근점측량, 지적확정측량 등 총 9가지 종류가 있다. 한국국토정보공사가 운영하는 지적측량바로처리센터(baro.lx.or.kr)에서 자세한 내용을 확인할 수 있다.

부동산 거래를 많이 해보지 않은 사람들은 이런 문제까지 파악하기 쉽지 않다. 위의 토지 매수인도 몹시 당황했다. 이미 건축허가가 난 토지였기에 지적도와 실제 토지 현황의 차이가 있을 거라고 예상하지 못한 것이다. 건축할 때 많은 이들이 지적도나 토지대장만 믿고 실제 토지 크기를 정확하게 확인하지 않는다.

나는 우선 그와 상의하고 행정소송을 하기에 앞서 국민권익위원회에 민원을 제기했다. 내 부동산 강의를 듣는 수강생인 공무원의 조언에 따른 것이다.

행정소송을 제기하려던 이유는 오롯이 토지 매수인의 잘못으로

발생한 문제가 아니기 때문이다. 150평 대지에 대한 용적률과 건폐율을 적용해 허가를 내준 곳이 지자체이고 그에 따라 건축행위를 했다. 그런데도 불법행위자가 되었고 건축물 또한 불법건축물이 되었다면 지자체의 책임이 없다고 할 수는 없었다. 행정소송이든 국민권익위원회 민원이든 지자체의 행정 처리에 문제가 있음을 호소해야 한다.

국민권익위원회에 민원을 제기한 지 얼마 후, 담당 직원으로부터 연락이 왔다. 그는 지자체와 토지 매수인 사이에서 중재자 역할을 해주었다. 그동안 준공허가를 내줄 수 없다는 말로 일관하던 지자체는 150평이 아닌 126평만 등기를 한다면 준공허가를 내주겠다고 제안했다. 아울러 부족한 24평 토지에 대해 지자체를 상대로 손해배상청구를 하지 말라는 조건을 덧붙였다. 토지 매수인은 고민 끝에 지자체의 제안을 받아들였다.

이 같은 상황을 공유하자 매도인은 잔금 1천만 원을 포기했다. 매수인은 24평을 포기함으로써 1,400만 원(토지 가격 2,400만 원 – 매도인 포기 금액 1천만 원)을 손해 보았지만, 최종 준공허가를 받고 안도의 한숨을 내쉬었다. 100% 만족스러운 협상은 아니어도 최선의 마무리였다.

나 역시 지적도와 관련된 경험이 있다. 지방에 과수원을 소유하고 있는데, 어느 날 지적도를 떼어보니 과수원과 큰 도로를 연결하는 사도(사도법상 개설허가를 받아 개인이 설치한 도로. 사유지로서 농어촌도로정비법에 따른 도로 등과 연결되어야 하며 사용료를 징수할 수 있다)가 없어진 상태였다.

어찌 된 일인지 알아보려고 관할 지자체 지적과를 찾아갔다. 지적과 담당자와 컴퓨터 화면상으로 일제강점기 때부터 살펴보던 중 꾸준히 토지가 이동해 지금의 상황이 되었음을 알게 되었다. 앞서 설명했듯이 토지 측량과 지도 제작 기술이 발전하면서 대축척(1/6,000 : 임야)에서 소축척(1/500)으로 정밀하게 바뀌다 보면 모자라거나 남거나 겹치는 부분이 생길 수 있다.

몇 년 전까지 과수원에 멀쩡히 붙어 있던 도로는 다른 번지 옆에 붙어 있고, 과수원 토지는 원래 평수인 4,500평보다 약 220평이 늘어난 4,720평이 되어 있었다. 난감해하는 나에게 공무원은 "평수가 많이 늘어났으니 그냥 쓰시면 안 돼요?"라고 했다.

"도로 없는 토지가 늘어난 게 무슨 소용 있어요. 원상복구가 되면 좋겠어요."

담당자가 주변 토지주들과 의논하여 방법을 강구해보겠다고 했다. 그러나 이 문제는 아직까지 해결되지 않은 채 과수원은 지적도상 맹지로 남아 있다.

지적도, 어떻게 봐야 할까?

토지 투자를 하는 이들은 지적도의 중요성을 강조한다. 지적도는 도면으로서 땅 모양이라든가 도로 형태, 주변에 있는 토지의 지목 등을 담고 있으므로 투자하고 싶다면 지적도를 볼 줄 알아야 한다. 아파트와 빌라 같은 건물 매입보다 더 많은 부분을 따져봐야 하는 것

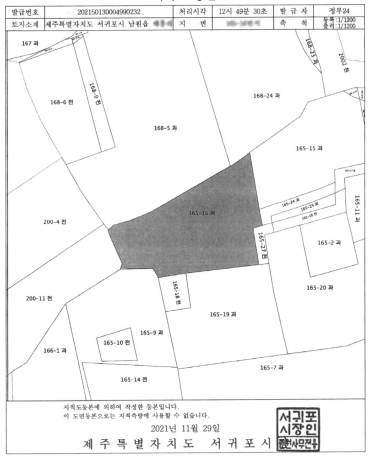

지적도 등본

발급번호	202150130004990232	처리시각	12시 49분 30초	발급자	정부24
토지소재	제주특별자치도 서귀포시 남원읍 ▓▓▓	지 번	▓▓▓-▓▓번지	축 척	등록:1/1200 출력:1/1200

이 토지 투자이고, 여기서 가장 중요한 문서 중 하나가 지적도이다.

지적도는 어떻게 봐야 할까? 먼저 알아보고자 하는 토지가 28개의 지목 중 무엇에 해당하는지를 확인한다. 토지대장이나 토지이용계획확인원을 통해 확인할 수 있다.

토지이용계획확인서

처리기간
1 일

신청인	성명		주소		
			전화번호	010-8699-6199	

신청토지	소재지		지 번	지 목	면적(㎡)
	제주특별자치도 서귀포시 남원읍 ███		███	과수원	3,921.0

지역등 지구등 지정여부	「국토의 계획 및 이용에 관한 법률」에 따른 지역·지구등	계획관리지역 [이하공란]
	다른 법령 등에 따른 지역·지구등	가축사육제한구역(1000m)<가축분뇨의 관리 및 이용에 관한 법률> 가축사육제한구역 (전부제한)<가축분뇨의 관리 및 이용에 관한 법률>, 경관보전지구4등급<제주특별자치도 설치 및 국제자유도시 조성을 위한 특별법> 생태계보전지구5등급<제주특별자치도 설치 및 국제자유도시 조성을 위한 특별법>, 지하수자원보전4등급<제주특별자치도 설치 및 국제자유도시 조성을 위한 특별법>, 지하수자원특별관리구역 (2020-07-01)<제주특별자치도 설치 및 국제자유도시 조성을 위한 특별법> [이하공란]
	「토지이용규제 기본법 시행령」 제9조제4항 각 호에 해당되는 사항	[해당없음]

확인도면	

범례
- □ 지하수자원특별관리구역
- □ 계획관리지역
- ■ 하천구역
- □ 법정동

축척 1/1700

「토지이용규제 기본법」 제10조제1항에 따라 귀하의 신청토지에 대한 현재의 토지이용계획을 위와 같이 확인합니다.

2021/ 11/ 29

제 주 특 별 자 치 도   서 귀 포 [서귀포 시장인 민원사무전용]

수입증지 붙이는곳

수 수 료	전자결제	민 원

토지 대장

고유번호	5013020322-10165-0016	도면번호	5	발급번호	202150130-00499-0216
토지소재	제주특별자치도 서귀포시 남원읍 ███	장 번 호	1-1	처리시각	12시 44분 44초
지 번	███	축척	1:1200	비 고	발 급 자	인터넷민원

토지표시			소유자		
지 목	면 적(㎡)	사 유	변동일자 변동원인	성명 또는 명칭 주 소	등록번호
(03) 과수원	*3921*	(81) 2009년 02월 27일 등록사항정정(면적)	2018년 04월 10일 (03)소유권이전	제주특별자치도 제주시 일향로 ███ ███	███
		--- 이하 여백 ---	--- 이하 여백 ---		

등급수정 년월일	1986. 08. 01. 수정	1989. 01. 01. 수정	1990. 01. 01. 수정	1991. 01. 01. 수정	1992. 01. 01. 수정	1993. 01. 01. 수정	1994. 01. 01. 수정	1995. 01. 01. 수정
토지등급 (기준수확량등급)	89	91	99	102	111	118	125	131
개별공시지가기준일	2015년 01월 01일	2016년 01월 01일	2017년 01월 01일	2018년 01월 01일	2019년 01월 01일	2020년 01월 01일	2021년 01월 01일	용도지역 등
개별공시지가(원/㎡)	17000	23400	28500	35800	41400	43200	45400	

토지대장에 의하여 작성한 등본입니다.

2021년 11월 29일

제주특별자치도 서귀포시 [서귀포 시장인 민원사무전용]

지목(「공간정보의 구축 및 관리 등에 관한 법률」 제67조)

전·답·과수원·목장용지·임야·광천지·염전·대(垈)·공장용지·학교용지·주차장·주유소용지·창고용지·도로·철도용지·제방·하천·구거(溝渠)·유지(溜池)·양어장·수도용지·공원·체육용지·유원지·종교용지·사적지·묘지·잡종지

지목과 함께 확인해야 하는 것이 토지의 위치다. 지적 경계가 어떻게 되는지, 해당 토지와 맞닿아 있는 토지는 도로인지, 전·답·과수원인지, 임야인지 등을 모두 확인한다.

현장을 직접 방문해 지적도와 비교해보는 것도 중요하다. 지적도와 현장 위치가 정확하게 맞아떨어지는지를 확인해야 한다. 이때 기점을 정하면 찾기가 쉽다. 기점이란 토지의 위치를 찾아내기 위해 기준으로 삼는 자연물을 말한다. 기점을 통해 토지를 찾은 다음에 지적도와 같은지를 살펴본다.

토지를 매입하기 전에 측량하는 것이 가장 좋고, 여의치 않다면 차후에 현황 이외의 문제가 발생했을 때 매도인과 매수인 중 책임 소재를 누구로 할 것인지를 매매계약서 특약란에 명시한다.

처음에는 지적도를 보기가 쉽지 않을 것이다. 그러나 지적도를 제대로 활용할 수 있다면 토지 투자를 하는 데 필수적인 무기를 가지는 것이다. 관심 있는 토지가 있으면 주소를 확인해서 지적도를 열람하고, 현장을 방문하여 지적도와 비교해보자. 꾸준히 훈련하다 보면 쉬워질 것이고, 좋은 물건을 발견하는 데도 도움이 될 것이다.

토지 개발행위허가 절차

토지에 대한 개발행위를 하고자 한다면 어떻게 해야 할까? 내 토지라도 내 마음대로 주택이나 건물을 지을 수 없고 지자체에 허가를 받아야 한다. 성급하게 토지를 매입하기보다는 해당 토지에 대해 개발행위허가 관련 규정과 절차 등을 지자체에 꼼꼼히 알아본 다음 진행하는 것이 좋다. 토지 개발행위 가능 여부는 공식처럼 이건 되고 이건 안 된다고 정해진 것이 아니다. 예를 들어 무주택자이면서 농지원부를 보유한 농업인은 농업진흥구역(절대농지)에 주택 건축이 가능하고, 보전산지가 아닌 준보전산지라고 해서 모든 개발행위가 가능한 것도 아니다. 이렇게 사례에 따라 다르기 때문에 반드시 지자체에 문의해야 한다.

우리나라는 국토의 난개발을 막고 계획적 관리를 위해 「국토의 계획 및 이용에 관한 법률」에 의거해 지자체에 허가를 받아야 하는데, 이를 개발행위허가라고 한다. 건축물의 건축이나 공작물의 설치, 토지의 형질 변경, 토석의 채취, 토지 분할, 녹지지역·관리지역·자연환경보전지역에 물건을 1개월 이상 쌓아놓는 행위를 하고자 할 때도 신청해야 한다.

개발행위허가 대상

- 건축물의 건축
- 공작물의 설치 : 인공적으로 만든 시설물의 설치
- 토지의 형질 변경 : 절토(평지 혹은 경사면을 만들기 위해 흙을 깎아내는 것), 성토

(흙을 쌓아 올리는 것, 제방 쌓기), 정지(땅을 고르게 만드는 것), 포장, 공유수면 매립

※경작을 위한 토지 형질 변경은 제외

- 토석의 채취 : 흙, 모래, 자갈, 바위 등을 채취하는 행위
- 토지 분할 : 녹지지역·관리지역·자연환경보전지역에서 관계 법령에 따른 허가/인가를 받지 않은 토지 분할, 건축법에 따른 분할 제한 면적 미만으로 토지 분할, 관계 법령에 의해 허가/인가를 받지 않고 너비 5미터 이하의 토지 분할
- 녹지지역·관리지역·자연환경보전지역에 물건을 1개월 이상 쌓아놓는 행위

용도지역별 개발행위의 규모

- 도시지역의 주거·상업·자연녹지·생산녹지 지역 : 1만 제곱미터 미만
- 공업지역 : 3만 제곱미터 미만
- 보전녹지지역 : 5천 제곱미터 미만
- 관리지역·농림지역 : 3만 제곱미터 미만
- 자연환경보전지역 : 5천 제곱미터 미만

※관리지역과 농림지역은 그 면적의 범위 안에서 당해 특별시·광역시·특별자치시·특별자치도 또는 군의 도시·군계획조례로 따로 정한다.

※개발행위허가를 받은 내용을 변경해야 할 때는 다시 변경허가를 신청해야 한다.

개발행위허가 조건

도로와 배수로

전·답·과수원 3가지 지목에 대한 개발행위허가 때 농지전용허가를 같이 받아야 한다. 농지전용허가란 말 그대로 농지를 다른 목적으로 활용하기 위한 허가를 말한다. 절차는 다음과 같다.

개발행위허가부터 지목 변경까지 절차

개발행위허가/농지전용허가(형질변경허가) 신청 → 허가 접수 및 기준 검토 → 관계기관 협의, 시행자 의견 청취 → 도시계획위원회 심의 → 허가 여부 통보 → 허가이행 담보(조건부 허가 시) → 농지보전부담금 납부 → 허가서 발부 → 건축신고/허가 → 착공 → 준공 → 지목 변경

임야에 대한 개발행위를 할 때도 농지와 같은 절차를 밟는다. 임야는 보전산지와 준보전산지로 나뉘며, 이는 토지이용계획확인원에서 확인할 수 있다. 보전산지는 말 그대로 공익적 기능을 위해 보호를 받기 때문에 산지전용이 금지된다(개발이 무조건 불가능하다기보다 개발행위허가 조건 등이 대단히 까다로워서 개인이 주택을 짓는 것도 쉽지 않다). 그래서 준보전산지에 대해 개발행위를 해야 하는데, 앞서 말한 것처럼 지자체에 문의해서 해당 토지의 개발행위허가 가능 여부와 절차 등을 꼼꼼하게 알아보고 진행해야 한다.

산지전용을 하려는 경우에는 그 용도를 정하여 산지의 종류 및 면적 등의 구분에 따라 산림청장, 시·도지사 또는 시장·군수·구청장의 허가(산지전용허가)를 받아야 하며, 허가받은 사항을 변경할 때도 변경허가를 받아야 한다.

보유 자금이 충분하지 않은 이들을 위한 2가지 팁이 있다.

첫 번째는 토지소유권을 이전하기 전에 개발행위허가를 신청하는 것이다. 토지 매매 계약을 할 때 대부분 계약금으로 10%를 지급하는데, 그때 토지주와 잘 협상하여 20%의 토지대금을 지급하면서 개발행위에 대한 사용 승낙을 먼저 받아 개발행위허가 신청을 하는 것이다.

개발행위허가는 물건과 때에 따라 30~40일 정도가 걸리니 그에 따라 잔금 지급일을 여유 있게 정하는 것이 좋다. 개발행위허가 전에 매매 계약을 한다면 계약서 특약사항에 '개발행위허가가 나오지 않으면 계약을 무효로 한다'는 내용을 명시하는 것이 좋다. 개발행위허가가 나오지 않으면 토지 매입이 의미가 없기 때문이다.

소유권을 이전하기 전에 개발행위허가 신청을 하면 자금을 확보하기도 수월하다. 예를 들어 나대지(지상에 건축물 등이 없는 대지)였을 때 대출이 40% 나온다면 개발행위허가를 받은 토지는 60~70% 정도의 대출을 기대할 수 있다. 개발행위허가를 받은 후 토지를 되판다고 하더라도 개발행위허가를 받지 못한 토지보다 유리하다.

두 번째는 인허가 비용을 줄이는 것이다. 농지에 대한 개발행위허가를 얻으면 농지전용부담금(농지보전부담금)을 납부해야 한다. 농지전용부담금은 제곱미터(㎡)당 개별 공시지가의 30%(제곱미터당 최대 5만 원)이다. 현금으로 납부해야 하므로 공시지가가 높은 지역은 농지전용부담금이 만만치 않은 부담이 될 수 있다.

농지전용부담금(대체농지조성비) 계산법
농지전용허가·농지일시사용허가 면적×제곱미터(㎡)당 개별 공시지가×30%
※농지전용부담금의 제곱미터(㎡)당 금액이 5만 원을 넘으면 5만 원을 상한선으로 함.

임야는 농지에 비해 개발행위허가 비용, 즉 산지전용부담금을 납부하기가 더 수월하다. 현금, 유가증권, 보증증서가 가능하므로 보증보험료만 내고 보증서를 받아 제출하면 허가를 얻을 수 있다. 그래서 보유 자금이 넉넉지 않을 경우 농지보다 임야를 매입해 개발행위를 하는 것이 좋다.

산지전용부담금(대체산림자원조성비) 계산법

산지전용허가·산지일시사용허가 면적×(단위면적당 금액+해당 산지 개별 공시지가의 10/1000)

산지 단위면적당 금액

- 준보전산지 : 제곱미터당 6,790원
- 보전산지 : 제곱미터당 8,820원
- 산지전용·일시사용제한지역 : 제곱미터당 13,580원

※개별 공시지가의 10/1000에 해당하는 금액은 제곱미터당 최대 6,790원으로 한정

개발행위허가 여부와 절차, 비용(농지전용부담금 혹은 산지전용부담금) 계산 등은 상당히 복잡하고 까다로운 부분이 많다. 지금까지 설명한 내용을 알아두되 토목설계회사에 의뢰해서 도움을 받으며 진행할 것을 권한다.

토지 투자를 하고 싶은데 상업건물을 지을 자신은 없고 농지전용부담금(혹은 산지전용부담금) 때문에 고민이 된다면 고물상 운영을 추천한다. 고물상은 법적으로 '분뇨 및 쓰레기 처리시설'에 속하여 지목 변경이 수반되어야 하는 사업이지만, 농지전용부담금(혹은 산지전용부담금) 납부 대상이 아니다. 고물상은 건물면적이 클 필요도 없고 5~10평 정

도 긴물만 허가받아도 된다. 건물면적은 적어도 보유하는 토지를 모두 허가 면적으로 넣어 준공을 받으면 허가지는 모두 '잡종지'가 된다. 고물상은 큰 건축비가 드는 사업이 아니므로 비용 문제가 고민된다면 고려해볼 만하다.

토지 투자는 토지를 사서 지가가 상승하기만을 기다리는 것이 아니라, 개발행위를 함으로써 지가를 상승시켜서 매각하여 수익을 얻는 것이다. 개발행위를 하지 않고 그대로 양도한다면 차익만큼 보유 기간에 따라 양도소득세를 내야 하지만, 개발행위를 했다면 비용 처리가 되어서 양도소득세를 절감할 수 있다. 진짜 부자는 토지 가치를 상승시켜 되파는 사업을 통해 돈을 번다는 점을 기억하자.

500만 원으로
든든한 미래를 설계한다!

초보부터 고수까지
소액 투자 전략

모든 토지는 가치가 있다

부동산 투자를 강의할 때 많이 받는 질문이 있다.

"어떤 토지를 사면 되나요?"

다양한 투자와 개발 사업을 해본 입장에서 모든 토지는 가치가 있다고 생각한다. 우리는 미래를 알 수 없다. 지금은 쓸모 없는 것처럼 보여도 나중에 토지의 가치가 상승하는 경우가 생각보다 많다. 그래서 돈이 있다면 잘생긴 토지든 못생긴 토지든 사두는 것이 좋다고 생각한다.

"토지를 잘못 사서 10년 이상 돈이 묶여 있어요."

나의 기본적인 생각은 '모든 토지는 가치가 있다'는 것이지만, 토지를 잘못 샀다는 실패담이 곳곳에 떠돈다. 여러 사례들을 접하면서 내 생각이 모두에게 적용되지 않을 수 있다는 사실을 깨달았다. 전업 투자자들은 남들 눈에 쓸모없어 보이는 토지를 사서 잘 성형해 되파는 데 능숙하지만 초보 투자자들은 그렇지 않기 때문이다. 여기서는 토지 투자에 대한 기본 개념을 정리해보고자 한다.

목적에 맞는 토지가 좋은 토지다

어떤 토지를 사면 좋을까? 나의 목적을 먼저 살펴봐야 한다. 부동산 투자에서 잘못된 물건을 샀다고 한탄하는 경우 중에 상당수가 목적에 맞지 않거나 아예 목적 없이 토지만 매입한 경우이다. 축사 근처 토지라서 남들이 기피해도, 내가 축사를 할 생각이라면 괜찮다. 토지가 죄가 있는 게 아니라 가격이 싸다거나 주변 사람 말만 믿고 무작정 매입해서 실패하는 것이다. 토지 매입에 앞서 목적을 분명히 세우고, 그에 맞는 물건을 고른다면 실패를 줄일 수 있다.

몇 년 전 지인이 제주도에 주택을 짓고 살려고 알아보다 마음에 드는 토지를 찾았다고 했다. 지목이 '임야'로 지상에는 지자체에서 직접 관리하는 보호수 팽나무가 10여 그루 있었다. 보호수란 자연 풍광을 보존하거나 학술적 목적을 위해 보호하는 나무를 말한다. 역사적·학술적 가치가 있는 노목, 거목, 희귀목 등 특별히 보호할 필요가 있는 나무로 산림보호법 13조에 따라 지방산림청장 및 시·도지사가 이를 지정·관리·해제할 수 있다.

보호수로 한번 지정된다고 영원히 유지되는 것은 아니다. 천재지변이나 화재 등으로 보호수가 소실되거나 손상되면 보호수에서 지정 해제된다. 지인에게 그 토지를 중개했던 부동산중개사는 이 법 조항을 교묘히 이용하려 했던 모양이다. 토지를 매입하고 6개월간 고목을 죽이는 작업을 하면 해제될 수 있다고 얘기했다는 것이다.

지인은 부동산중개사의 말이 맞는지 확인하고자 나에게 메일을 보낸 것이다.

나는 곧바로 전화해서 "범법행위이니 절대 그 토지를 매수하지 말라"고 말했다. 산림보호법을 위반하고 보호수에 불을 지른 자는 7년 이상 15년 이하의 징역, 보호수를 절취할 경우 1년 이상 10년 이하의 징역, 보호수 일부 또는 전부에 손해를 입히면 3년 이하의 징역 또는 3천만 원 이하의 벌금에 처해진다. 부동산중개사는 보호수로 인해 해당 토지를 매도 중개하기 어려워 위와 같은 위법행위를 생각해냈던 것이다. 하지만 엄연히 법으로 보호받는 보호수를 훼손하면서까지 그 토지를 매입할 이유가 없다. 중개사의 말만 믿고 그대로 감행했다가 위법 사실이 드러나면 처벌받을 게 분명하다. 지인은 결국 그 토지 매입을 포기했다. 주택을 지을 토지를 찾고 싶었던 만큼 보호수가 있는 임야는 목적에 맞지 않는 토지인 것이다.

이 경험은 여러 가지 교훈을 남겼다. 어떤 것이 좋은 토지인가? 어떤 토지를 사야 하는가? 이에 대한 답은 하나이다. 내가 어떤 목적으로 토지를 사고자 하는지를 생각하라는 것이다. 거래를 할 때 토지에 내 목적을 끼워 맞추려는 사람들이 의외로 많다. 싼 가격의 토지를 찾아서 어떻게 해서든 내가 원하는 것을 구현하고자 애쓰는 것이다. 그러다 보면 온갖 편법과 위법행위가 발생한다. 그런 거래는 하지 않아야 한다.

무엇을 하고 싶은지 목적을 정한 다음 그에 맞는 토지를 찾는 것이 올바른 거래이다. 토지에 대한 정보를 꼼꼼하게 살펴서 내 목적에 맞는지 확인해야 한다. 내 목적과 토지의 상태가 맞아떨어질 때 토지의 가치가 더 높아질 수 있다. 그것이 진정한 투자이다.

토지 투자에서 '나쁜 토지'란 내 목적에 맞지 않거나 아예 목적 없이 매입한 토지다. 아무리 좋은 토지라도 내 목적에 맞지 않는다면 의미가 없다.

인구가 증가하는 지역에 주목하라

"그래도 좋은 토지를 사는 법을 알고 싶어요."

사람들이 토지를 사는 이유는 다양하다. 누군가는 전원생활을 꿈꾸며 집을 짓고 농사지을 토지를 알아보고, 누군가는 토지를 사서 개발하여 가치를 높이는 사업을 계획할 수 있다. 농사짓는 토지를 찾기는 까다롭지 않다. 농지에 대해서는 뒤에서 좀 더 자세히 이야기할 예정이니, 지금은 농사 외의 토지에 대해 알아보겠다.

농사 외의 토지, 즉 개발을 목적으로 한다면 아무 토지나 매입하면 안 된다. 사람들이 많이 모이거나, (현재는 그렇지 않더라도) 점차 인구가 증가하는 지역에 관심을 가져야 한다. 주거지가 증가하면 상권이 발달하기 시작하고, 도로나 지하철 여건이 개선되는 등의 변화가 일어날 수 있기 때문이다. 그래서 주거지가 점차 확대되는 지역의 토지를 살펴볼 필요가 있다.

베테랑 토지 투자자들이 추천하는 토지는 계급장이 높은 순서대로 나열하자면 계획관리지역 → 생산관리지역 → 생산녹지지역 → 자연녹지지역 → 보전관리지역 등이다. 농업진흥구역(절대농지)·보전산지 등으로 목적 사업을 하기 위한 매수 외에는 추천하지 않는다.

계획관리지역 : 비도시지역의 준농림지역으로, 도시지역으로 편입 가능한 곳. 자연환경을 고려해서 제한적인 이용, 개발을 하려는 지역

생산관리지역 : 농업·임업·어업 생산 등을 위해 관리가 필요하지만 주변 용도지역과 관계를 고려해 농림지역으로 지정해서 관리하기 곤란한 지역

생산녹지지역 : 농업 생산을 위해 개발을 유보할 필요가 있는 지역. 「국토의 계획 및 이용에 관한 법률」에 의거, 제한된 개발행위 가능

자연녹지지역 : 도시 녹지 공간의 확보, 도시 확산 방지, 장래 도시용지 공급을 위해 보전할 필요가 있는 지역으로 불가피하게 제한적인 개발이 허용되는 지역

보전관리지역 : 자연환경 보호, 산림 보호, 수질오염 방지, 녹지/생태계 보호 등으로 보전이 필요하지만, 주변 용도지역과의 관계를 고려해 자연환경보전지역으로 지정해 관리하기 곤란한 지역

출처 : 토지이음(www.eum.go.kr) 용어사전

아울러 토지구획정리사업 예정지, 관공서 예정지, 공공개발 예정지 등 개발계획이 발표된 지역들을 들여다보자. 중앙정부 혹은 지자체 차원의 개발계획은 국토교통부 홈페이지나 해당 지자체 홈페이지를 통해 확인할 수 있다. TV와 신문, 인터넷 뉴스 등도 꾸준히 챙겨 보면 개발예정지역에 대한 정보를 얻을 수 있다.

토지 투자에도 1+1이 있다

1가지 일로 2가지를 얻는 일거양득(一擧兩得)의 상황을 '님도 보고 뽕도 딴다'라고 표현한다. 이 속담의 정확한 유래는 알 수 없지만 뽕나무밭에서 남녀가 모여 일하는 상황에서 비롯되었다는 설이 있다. 뽕나무는 열매를 따 먹고 잎으로는 누에를 키울 수 있어 활용도가 좋다. 뽕나무와 누에를 돌보고 비단을 짜기 위해 남녀가 함께 모여서 노동을 한다. 남녀가 유별했던 조선시대에도 일을 하기 위해 남녀가 만나는 것은 큰 문제가 되지 않았다. 재미있는 점은 뽕나무의 키가 상당히 커서 사랑하는 남녀가 만나기에 안성맞춤이라는 것이다. 그래서 '님도 보고 뽕도 딴다'는 말이 생겼다는 이야기가 있다.

하나를 통해 2가지를 얻는 것을 마다할 사람은 없다. 마트에 가서 장을 볼 때도 1+1 상품에 눈길이 가게 마련이다. 부동산 투자에서도 이러한 경우가 있다. 바로 농지 투자를 통한 농지연금이다.

노후를 대비하기 위해 농지연금을 활용하는 경우는 상대적으로 적다. 농지를 사면 농사를 직접 지어야 하는 줄 알고 농지에 별 관심을 두지 않고 농지연금에 대해서도 잘 모른다.

농지연금은 만 60세 이상 고령 농업인(2022년 개정)이 자기 소유 농지를 담보로 안정적인 노후를 위한 자금을 매월 연금 형식으로 지급받는 것이다. 정부가 운영하는 제도로 농지를 보호하면서 영농인들의 생활 안정을 꾀하기 위해 2011년 처음으로 도입됐다.

어떤 사람들이 농지연금을 받을 수 있을까? 만 60세 이상의 영농인이고 영농 경력이 5년 이상이어야 농지연금을 신청할 수 있다. 영농 경력은 꼭 연속적으로 5년이 아니어도 되고, 신청일 기준 직전으로 합산 5년이면 된다. 여기서 영농인이란 농지원부(행정관서에서 농지의 소유 및 이용 실태를 파악해서 효율적으로 관리하기 위해 작성하는 문서)에 기재된 사람을 말한다.

2021년 농림축산식품부는 농지법 시행령 일부를 개정하여 농지원부 작성 기준을 '현행 농업인'에서 '필지별 농지'로 변경하고, '1천 제곱미터 이상 토지'에서 '모든 농지'로 변경했다. 1천 제곱미터 이상 농사를 짓는 농업인만이 농지원부 작성 대상이었는데, 면적 제한을 폐지한 것이다. 농지원부가 농지 소유를 증명하는 문서가 아니라 경작 현황을 확인하는 문서인 만큼 농지 소유주와 임차농민 모두 농지원부를 신청할 수 있다. 농지원부에 기재됐다는 건 실제 농사를 짓는 사람이라는 것을 증명한다.

농지연금 가입 대상은 지목이 전·답·과수원으로 실제 이용하고 있는 농지만 가능하고, 농지의 소유자 명의는 연금 수령인 단독이어야 하며(타인과의 공동소유는 연금 가입 불가. 부부 공동소유인 경우 가능), 주거지에서 농지까지 직선거리(통작거리)가 30킬로미터 이내여야 한다.

전(田)으로 사용하고 있는 토임(토지임야, 지목상 임야)은 가입 조건에 해당되지 않는다. 그래서 농지연금 목적으로 토임을 매입했다면 등록전환 과정을 거쳐(임야대장/임야도에 등록된 토지를 토지대장/지적도에 옮겨 등록하는 것) 전·답·과수원으로 지목을 변경한 후 농지로 사용해야 한다.

농지연금 신청 자격
- 만 60세 이상 영농인(2022년 1월 1일부터)으로 농지원부에 기재된 사람. 영농 경력은 연금 신청일 기준으로부터 과거 5년 이상(연속적일 필요는 없으며 전체 영농 경력을 합산했을 때 5년 이상이면 됨)

농지연금 대상 용지
- 담보 농지는 농지연금 신청일 현재 다음 각 호의 요건을 전부 충족해야 한다.
  ① 농지법상의 농지 중 공부상 지목이 전·답·과수원으로서 사업 대상자가 소유하고 있고 실제 영농에 이용되고 있는 농지
  ② 사업 대상자가 2년 이상 보유한 농지
  *상속받은 농지는 피상속인의 보유 기간 포함

③ 사업 대상자의 주소지(주민등록상 주소지 기준)를 담보 농지가 소재하는 시·군·구 및 그와 연접한 시·군·구 내에 두거나, 주소지와 담보 농지까지의 직선거리가 30킬로미터 이내의 지역에 위치하는 농지

   * ②와 ③의 요건은 2020년 1월 1일 이후 신규 취득한 농지부터 적용

- 저당권 등 제한물권이 설정되지 않은 농지

  단, 선순위 채권 최고액이 담보 농지 가격의 100분의 15~30인 농지는 가입 가능

- 압류·가압류·가처분 등의 목적물이 아닌 농지

- 제외 농지

  ① 불법건축물이 설치되어 있는 토지

  ② 본인 및 배우자 이외의 자가 공동소유 중인 농지

  ③ 개발지역 및 개발계획이 지정 및 시행 고시되어 개발계획이 확정된 지역의 농지 등 농지연금 업무 처리 요령에서 정한 제외 농지

  ④ 2018년 1월 1일 이후 경매 및 공매를 원인으로 취득한 농지

  단, 농지연금 신청일 현재 담보 농지 보유 기간이 2년 이상이면서, '담보 농지가 소재하는 시·군·구 및 그와 인접한 시·군·구 또는 담보 농지까지 직선거리 30킬로미터 내'에 신청인이 거주(주민등록상 주소지 기준)하는 경우 담보 가능

출처 : 농지은행 · 농지연금(www.fbo.or.kr)

매월 300만 원, 임대수익 부럽지 않다

연금 지급 방식은 정액종신형(가입자 사망 시까지 매월 일정 금액 지급), 전후후박형(가입 초기 10년간 정액형보다 더 많이, 11년째부터 더 적게 지급), 일시인출형(총 지급 가능액의 30% 내에서 필요 금액을 수시로 인

출 가능), 기간정액형(가입자가 선택한 일정 기간 동안 매월 일정 금액을 지급), 경영이양형(지급 기간 종료 시, 공사에 소유권 이전을 전제로 더 많은 금액을 지급)이 있다. 정액종신형과 경영이양형은 만 65세 이상 가능하며, 기간정액형은 5년형(만 78세 이상), 10년형(만 73세 이상), 15년형(만 68세 이상)으로 나뉜다. 신청자가 기준에 따라 원하는 유형을 선택하면 된다.

주택연금과 마찬가지로 농지연금도 신청인이 농지를 계속 소유하면서 연금을 받을 수 있다. 현행법상 농사를 짓는 사람이 토지를 소유하는 게 원칙(경자유전)이다. 그러나 피치 못할 사정으로 직접 경작하지 못할 때는 농지법 23조에 의거해 임대도 허용하므로 경작에 대한 부담을 덜 수 있고 연금 이외의 추가 소득을 기대할 수 있다.

농지연금을 받다가 당사자가 사망하더라도 배우자가 승계해서 계속 받을 수 있으며(배우자가 60세 이상이고, 연금 승계를 선택한 경우에 한한다), 장기간 생존하여 담보 농지 가격보다 연금 수령액이 더 많다 하더라도 초과액을 유족에게 청구하지 않는다. 또 국민연금이나 퇴직연금 등의 수령자도 중복 수령이 가능하다. 6억 원 이하의 농지에는 재산세가 전액 감면되며 6억 원 초과의 농지는 6억 원까지 감면된다.

농지 임대가 가능한 경우(농지법)

[시행 2021. 10. 14.] [법률 제18021호, 2021. 4. 13., 일부 개정]

제9조(농지의 위탁경영) 농지 소유자는 다음 각 호의 어느 하나에 해당하는 경우 외에는 소유 농지를 위탁경영할 수 없다.

1. 병역법에 따라 징집 또는 소집된 경우

2. 3개월 이상 국외 여행 중인 경우

3. 농업법인이 청산 중인 경우

4. 질병, 취학, 선거에 따른 공직 취임, 그 밖에 대통령령으로 정하는 사유로 자경할 수 없는 경우

5. 제17조에 따른 농지이용증진사업 시행계획에 따라 위탁경영하는 경우

6. 농업인이 자기 노동력이 부족하여 농작업의 일부를 위탁하는 경우

제23조(농지의 임대차 또는 사용대차)

① 다음 각 호의 어느 하나에 해당하는 경우 외에는 농지를 임대하거나 무상 사용하게 할 수 없다.〈개정 2008. 12. 29., 2009. 5. 27., 2015. 1. 20., 2015. 7. 20., 2020. 2. 11.〉

1. 제6조제2항제1호 · 제4호부터 제9호까지 · 제9호의2 및 제10호의 규정에 해당하는 농지를 임대하거나 무상 사용하게 하는 경우

2. 제17조에 따른 농지이용증진사업 시행계획에 따라 농지를 임대하거나 무상 사용하게 하는 경우

3. 질병, 징집, 취학, 선거에 따른 공직 취임, 그 밖에 대통령령으로 정하는 부득이한 사유로 인하여 일시적으로 농업경영에 종사하지 아니하게 된 자가 소유하고 있는 농지를 임대하거나 무상 사용하게 하는 경우

4. 60세 이상인 사람으로서 대통령령으로 정하는 사람이 소유하고 있는 농지중에서 자기의 농업경영에 이용한 기간이 5년이 넘은 농지를 임대하거나 무상 사용하게 하는 경우

5. 제6조제1항에 따라 소유하고 있는 농지를 주말·체험영농을 하려는 자에게 임대하거나 무상 사용하게 하는 경우, 또는 주말·체험영농을 하려는 자에게 임대하는 것을 업(業)으로 하는 자에게 임대하거나 무상 사용하게 하는 경우

6. 제6조제1항에 따라 개인이 소유하고 있는 농지를 한국농어촌공사나 그 밖에 대통령령으로 정하는 자에게 위탁하여 임대하거나 무상 사용하게 하는 경우

7. 다음 각 목의 어느 하나에 해당하는 농지를 한국농어촌공사나 그 밖에 대통령령으로 정하는 자에게 위탁하여 임대하거나 무상 사용하게 하는 경우

  가. 상속으로 농지를 취득한 사람으로서 농업경영을 하지 아니하는 사람이 제7조제1항에서 규정한 소유 상한을 초과하여 소유하고 있는 농지

  나. 대통령령으로 정하는 기간 이상 농업경영을 한 후 이농한 사람이 제7조제2항에서 규정한 소유 상한을 초과하여 소유하고 있는 농지

8. 자경 농지를 농림축산식품부 장관이 정하는 이모작을 위하여 8개월 이내로 임대하거나 무상 사용하게 하는 경우

9. 대통령령으로 정하는 농지 규모화, 농작물 수급 안정 등을 목적으로 한 사업을 추진하기 위하여 필요한 자경 농지를 임대하거나 무상 사용하게 하는 경우

② 제1항에도 불구하고 농지를 임차하거나 사용대차한 임차인 또는 사용대차인이 그 농지를 정당한 사유 없이 농업경영에 사용하지 아니할 때는 시장·군수·구청장이 농림축산식품부령으로 정하는 바에 따라 임대차 또는 사용대차의 종료를 명할 수 있다.〈신설 2015. 7. 20.〉

출처 : 국가법령정보센터(www.law.go.kr)

예상 연금 수령액은 농지은행·농지연금 홈페이지(www.fbo.or.kr)에서 확인할 수 있다. 농지 가격 1억 원 기준 월 32만 원으로 적금 이자율 2.5%를 상회해 저금리 시대에 괜찮은 수익이다. 복지제도

이고 조건이 좋다 보니 월 수령액은 1인당 최대 300만 원으로 제한된다. 부부가 각자 농지연금을 준비하면 부부별산제(부부가 각각 혼인 전부터 가졌던 재산 및 혼인 생활 중에 자기 명의로 취득한 재산을 특유재산特有財産으로서 각자 관리·사용·수익하게 하는 제도)의 적용으로 두 사람이 합쳐 최대 월 600만 원까지 수령이 가능하다.

담보 농지 평가가액은 '개별 공시지가×농지면적'으로 결정되며, 개별 공시지가 외에도 별도의 지정 감정평가법인에 의해 산정된 '감정평가 금액×90%×농지면적'의 기준도 적용되니, 연금 신청자가 유리한 쪽으로 선택하면 된다. 근저당권은 1순위로 설정하는 것이 원칙인데, 해당 담보 농지에 설정된 채권 최고액이 담보 농지 가격의 15~30% 이하인 경우에만 가입할 수 있다.

농사도 과학이다, 스마트팜이 뜬다!

요즘은 '양보다 질'을 더 중요하게 생각한다. 하나를 쓰고 먹더라도 좋은 품질을 선택하는 것이다. 대량생산보다 소량 생산하는 품질 좋은 상품에 관심이 쏠리고, 배송이 얼마나 빠른가에 따라 사업의 성패가 갈린다. '새벽 배송'이 자연스러운 세상이다.

빠른 배송이 인기를 얻는다는 것은 고객이 신선한 제품을 원한다는 의미다. 어떻게 하면 신선한 제품을 생산해 빠르게 배송할 수 있을까? 간단하다. 고객들이 많이 거주하는 지역 인근에서 생산하면 된다. 즉, 직주근접(직장과 주거지가 가까운 것)으로 도시농업을 하면 전망이 있다고 할 수 있다. 여러 매체들에 소개된 '메트로팜'이 그것이다.

서울 지하철 7호선 상도역 역사 내에 메트로팜이 설치되어 있다. 이렇게 최첨단 과학을 이용해 농사짓는 것을 '스마트팜'이라고 한다. 정보통신기술을 활용해서 농산물의 생육 환경을 최적으로 관리하는 농법이다. 지하철 역사 내 곳곳에 비어 있는 상가가 많은데, 스마트팜을 활용하면 공실률을 줄이고 친환경 농산물을 생산할 수 있어 일석이조이다. 생산자는 도심에서 생산하니 배송비 부담이 크지 않아 물류비를 절감할 수 있고, 소비자는 신선한 제품을 빨리 받아볼 수 있어서 좋다.

스마트팜을 하고 싶다면 어떤 부동산이 알맞을까? 지하철 역사 내 공실도 가능하지만 폐업한 공장을 이용하여 컨베이어벨트로 농사를 지어도 된다. 경·공매에 계속 유찰되어 감정가 대비 크게 하락해서 저렴한 건물의 고층 공실에서도 스마트팜이 가능하다. 다만 첨단 과학을 이용하는 만큼 할 일이 줄어들지만, 일반 농사에 비해 투자비용과 유지비용이 많이 든다는 점은 꼭 고려해야 한다.

발달하는 문명을 따라잡지 못하면 뒤처지게 마련이다. 그 문명을 이용하여 내가 할 수 있는 것을 찾아내면 오래오래 생존할 수 있다. 지구가 멸망할 때까지 인간의 생존에 필수적인 의식주 관련 사업은 지속될 것이다. 농업을 1차 산업이라고 업신여기지 말고 여기서 블루오션을 찾아보자.

농지연금, 20대부터 시작하자

나이가 들어서 농지연금을 받기 위해 이런저런 준비를 하려면 그만큼 힘들 수밖에 없다. 조금이라도 더 젊었을 때 농지연금용으로 농지를 준비하는 것이 투자 대비 연금소득을 많이 확보하는 길이다. 50대 이후에 준비하는 것이 아니라 결혼하기 전 20대부터 차근차근 준비하면 경제적 자유를 빨리 이룰 수 있다. 저축을 통해 종잣돈을 모으고 저렴한 토지를 찾아 매입해보자.

많은 부동산 전문가들이 농지연금을 추천하면서 대중의 관심도 조금씩 늘어가고 있다. 그러나 농지라 하더라도 아무거나 취득해서는 안 된다. 시세 대비 저평가된 농지를 취득해야만 투자 대비 수익을 얻을 수 있다.

어떤 토지가 농지연금에 좋을까?

수강생에게 추천해준 경매 물건 중에 파주에 있는 대학교와 공단 인근의 토지가 있었다. 국도변을 따라 형성된 상가 뒤편이었는데, 도로와 상가는 상당히 뚝 떨어져 4미터 정도의 법면(도로나 철도를 설치하려고 밑바닥부터 도로나 철도 이용 부분까지 흙 등으로 쌓은 경사면)이 있는, 기다란 고구마처럼 못생긴 토지였다. 면적은 1,276제곱미터, 지목은 '전'인 농지로 지적도상 맹지였다.

감정가는 2억 4,371만 6천 원이었는데 세 번의 유찰로 최저 입찰가 8,359만 5천 원(감정가의 약 34%)이었을 때 응찰하여 8,482만 원에 낙찰받았다. 6,500만 원은 대출받고 자기자본 1,982만 원으로 대금을 완납했다.

낙찰받은 사람은 선생님으로 재직하다 정년퇴직한 분이었다. 연금을 수령하고 있어 생활비 걱정은 하지 않아도 되었지만, 퇴직 후의 무료함을 달래기 위해 재직 중 파주 지역에 농지를 조금씩 구입하여 소나무와 관상수, 밭 농작물을 키우고 있었기에 농지원부를 보유하고 있었다. 영농 경력 5년 이상의 조건이 충족된 상태라 해당 경매 물건을 2년 이상 보유하면 농지연금을 받을 수 있다.

낙찰받은 당시에 향후 수령할 농지연금을 예상해보니 일시 인출금 6,500만 원을 받아 대출금을 상환하고도 매월 67만 5천 원씩 농지연금을 받을 수 있었다. 순수 투자한 돈은 2천만 원이 채 되지 않았는데, 이 돈으로 매달 67만 5천 원을 평생 받고 배우자에게 상속해줄 수도 있다. 6,500만 원을 일시금으로 받지 않으면 매월 96만 원정도의 연금을 받을 수 있는 것이다. 어떤 연금 상품이 이처럼 투자 대비 수익률이 좋을 수 있을까? 해마다 토지 공시지가가 꾸준히 상승한다는 점을 감안하면 어느 연금 상품보다 농지연금의 매력이 뛰어나다고 할 수 있다.

처음 농지연금용으로 이 토지를 추천해주었을 때 수강생은 맹지이고 토지의 형태가 별로라면서 불평을 했다. 그러나 농지연금용은 맹지여도 상관없고 못생길수록 남들이 선호하지 않아 저렴하게 매입할 수 있다는 장점을 부각했다.

남들은 맹지라면 무조건 기피하기 마련이지만, 실제로 임장을 가보면 대부분 경운기 한 대 정도 오갈 수 있는 농로가 있다. 그것도 없는 맹지라면 농사를 짓지 말고 커다란 농기계가 필요 없는 과수를 재배하면 된다.

현장 답사를 해보니 농지연금 목적으로는 더없이 좋은 토지라고 확신을 갖고 말하자 그는 내 말을 믿고 따라주었다. 아마도 이 책이 나올 즈음이면 그는 농지연금을 수령할 수 있을 것이다. 지금은 남들이 선호하지 않고 보잘것없어도 나중에 노후자금으로 큰 효도를 하는 농지를 찾아내야 한다. 돈이 많은 사람들이야 입지도 좋고 넓은 토지를 한 번에 살 수 있지만, 돈이 없다면 자그마한 토지를 사서 모으는 것도 좋은 방법이다.

그렇다면 농지연금에 적합한 토지는 어떤 것일까? 농지은행에서 정한 기준을 고려해 어떤 농지를 찾아야 하는지 알아보자. 개발 목적이나 일반적인 시세차익 이상을 기대한다면 따져볼 것이 많다. 그러나 농지연금을 목표로 한다면 토지를 고르기가 어렵지 않다. 토질이 좋고 물을 댈 수 있는 논이면 된다. 도로에 인접하면 좋겠지만 맹지여도 상관없고, 주변에 묘지나 송전탑 등 기피시설들이 있다거나 토지 모양이 안 좋아도 괜찮다.

내 눈에 좋아 보이는 것은 남들 눈에도 좋아 보인다. 좋은 물건은 빨리 팔리고 값도 비싸다. 그러나 못났거나 규제가 심한 농지는 잘 팔리지 않는다. 다른 사람들이 쳐다보지 않는 보잘것없는 농지를 눈여겨보고 낙찰받아야 한다. 공시지가보다 월등히 떨어진 토지라면 농지연금용으로는 미래 가치가 상승할 수 있다. 경·공매를 통해 토지 매입에 도전하면 일단 감정평가 가격을 알 수 있어 토지의 현실적 가격을 유추하기가 수월하다.

지목이 답(畓)인 논 외에 전(田)과 과수원 토지 매입도 생각해볼 수 있다. 논보다는 토지 가격이 비싸지만, 채소와 과일 등을 키우는 것이 벼농사보다 수익성이 더 좋아서 농지연금 외의 부수입을 기대할 수 있다.

임야를 매입하는 것 또한 추천할 만하다. 부동산 중 저평가된 것이 임야이다. 임야는 환경과 자연보호 차원에서 정부의 규제가 강하기 때문이다. 개발을 목적으로 하는 사람들에게는 추천하지 않지만, 농지연금을 목표로 한다면 괜찮은 토지다. 임야를 매입해 과수원으로 개간하거나 수종을 갱신하여 과수원으로 지목 변경을 하는 것도 좋다. 현재 과수원보다 임야를 사서 과수원으로 만들면 투자 대비 더 큰 수익을 낼 수 있다. 지목을 변경하고 싶으면 해당 지자체에 관련 내용을 잘 알아봐야 하고, 토목설계회사에 의뢰하여 도움을 받는 것이 좋다.

야트막한 임야는 우리나라에 많이 산재되어 있다. 경·공매 시장을 유심히 살펴보면 얼마든지 저렴하게 매입할 기회가 있다. 투자를 한다면 임야의 두 종류 중 준보전산지가 낫지만, 농지연금용은 꼭 관리지역이 아니어도 되니 농림지역의 저렴한 임야를 선택하면 된다.

토지를 매수하기 전에는 현장에 직접 방문해 주변 도로의 존재 여부, 토질 상태, 배수 상태 등을 확인한다. 임야를 매입한 후 배수로 확보, 묘지 이전 등 추가적으로 해결해야 하는 문제가 있다면 이를 감안해 토지 가격을 책정하는 것이 타당하다.

임야의 종류

- 보전산지 : 농림지역 또는 자연환경보전지역에 해당. 임업용과 공익용으로 구분
- 준보전산지 : 보전산지 외의 산지

임야를 어떻게 과수원으로 만들까? 임야를 임의로 개간하거나 나무를 베어내는 건 불법이다. 토지 매수 계약을 맺으면서 토지 가격의 일부를 지불하고 토지사용승낙서를 받아서 개발행위허가/산지전용허가(형질변경허가)를 신청해야 한다. 허가를 받고 나서 과실수를 심고, 지목 변경을 신청하면 된다.

과실수 대신 은행나무를 키우는 사람도 있다. 은행나무는 병충해 피해를 입지 않으니 다른 작물보다 키우기가 수월하고, 바닥에 떨

어진 열매를 수거할 수 있는 장치만 설치하면 인건비도 절약할 수 있다.

농지연금 용도로 추천하고 싶은 토지로 토임이 있다. 토임은 지목상 임야이지만 보기에는 전(田)인 경우가 많다. 과거 얕은 산지를 개간하여 농사를 지었던 곳으로, 일반 임야에 비해 산지전용허가가 좀 더 수월하다.

농사, 생각보다 쉽다

그런데 농지 취득과 농지연금 자격 요건은 다르다. 농지를 취득하려면 농지취득자격증명이 있어야 한다. 이는 영농인이 아닌 사람이 투기 목적으로 농지를 매입하는 것을 방지하고 경자유전(耕者有田)을 실현하기 위한 제도이다. 농지 매수자가 농민인지 여부, 자경(自耕) 여부, 농지 소유 상한 등을 확인하고 심사하는 것이다. 농지 소유권 이전을 하기 전에 발급받아야 한다.

취득할 농지가 1천 제곱미터 미만이면 농지취득자격증명 신청서를 작성해서 제출하면 되고, 농지원부를 보유하고 있거나 취득할 농지가 1천 제곱미터 이상일 때는 농업경영 목적으로 농업경영계획서도 함께 제출해야 한다. 농업경영계획서에는 직업과 영농 경력, 영농 거리와 함께 취득 대상 농지의 지번·지목·면적, 취득 대상 농지에서 농업경영을 하는 데 필요한 노동력 및 농업 기계·장비·시설 확보 방안, 소유 농지의 이용 실태(농지 소유자에게만 해당)

등을 적어야 한다.

- 농지 1천 제곱미터 미만 : 주말·체험 영농 목적으로 인정. 농지취득자격증명 신청
  농업진흥지역과 농업보호구역에서는 주말·체험 영농 목적의 농지 취득 불가
- 농지 1천 제곱미터 이상 : 농업경영 목적으로 인정. 농지취득자격증명 신청 시 농업경영계획서 제출 필수

농지 소재지가 있는 시청, 구청, 읍면동 사무소를 방문하거나 정부24 홈페이지(www.gov.kr)에서 신청 가능하다. 근래 들어 LH 사태 등 농사를 목적으로 하지 않는 농지 취득 사례가 빈발하면서 농지 취득 자격과 자경 요건이 강화되었다. 관련 지자체에서 매년 1회 이상 꾸준히 농지 이용실태 조사를 하므로(2022년 5월 18일부터) 눈속임하지 말고 농사를 지어야 한다.

농지법 개정 주요 내용(별도 표기 없는 내용은 2021년 8월 17일부터 시행)

- 농업경영계획서를 작성할 때 신청자의 직업, 영농 경력, 영농 거리를 의무 기재(2022년 5월 18일부터).
- 상속이나 이농으로 농지를 소유한 사람이 농지법 제23조제1항제1호에 따라 임대하거나 한국농어촌공사에 위탁해 임대하는 등 정당한 사유 없이 농업경영에 이용하지 않을 경우 처분 의무 부과(2022년 5월 18일부터).
- 농업진흥지역에서 주말·체험 영농을 목적으로 하는 농지 취득(1천 제곱미터

미만 토지 구입)이 제한됨.

- 비농업진흥지역은 주말·체험 영농을 목적으로 하는 농지 취득(1천 제곱미터 미만 토지 구입)이 가능하나, 주말·체험 농업경영계획서를 작성해서 제출할 것(2022년 5월 18일부터).
- 2021년 7월 1일 이후 취득한 주말·체험 영농 목적 농지의 경우, 비사업용 토지에 해당해 양도세 부과됨.
- 1년 이상 운영하지 않거나 3차례 이상 시정 명령을 이행하지 않아 해산 명령 청구를 받게 되는 농업법인은 농지 추가 취득에 제한을 받음.
- 거짓으로 농지취득자격증명을 발급받거나 허용되지 않은 부동산업을 한 농업법인 등은 1년의 처분 의무 기간 없이 즉시 처분 명령을 받게 됨. 처분 명령을 이행하지 않을 경우 해마다 부과되는 이행강제금의 산출 기준이 공시지가와 감정평가액 중 더 높은 가격에 따라 부과되고, 부과 수준도 20%에서 25%로 상향 조정.
- 불법으로 취득한 농지에 대한 중개·광고 전면 금지. 적발될 경우 '3년 이하의 징역' 또는 '3천만 원 이하의 벌금'을 받도록 벌칙 조항 신설.
- 거짓으로 농지취득자격증명을 받을 경우 벌금이 현행 '5천만 원 이하'에서 해당 토지의 공시지가에 따른 토지 가액으로 상향 조정.
- 불법 위탁 경영에 대한 벌칙금이 현행 '1천만 원 이하의 벌금'에서 '2천만 원 이하의 벌금'으로 상향 조정.

　한 번도 농사를 지어본 적이 없다면 토지를 사기 전에 작은 규모의 농지를 임차해서 주말농장처럼 가꿔보는 것도 좋다. 농지은행을 통해 저렴한 가격에 공공임대농지를 임차할 수 있다. 토지를 직접 다뤄보면서 농사 경험을 쌓아보는 것이다.

처음부터 커다란 농지를 덜컥 매입하기보다 20~30평 정도의 작은 토지부터 매입하기를 추천한다. 사람들은 뭐든지 한 번에 목표를 달성하려고 하지만 그렇게 했을 때 무리가 따를 수 있다. 농사 경험이 없는데 덮어놓고 큰 토지를 사면 관리하느라 애먹을 수 있으므로 작은 규모부터 매입해서 차츰 늘려가는 것이다. 조금씩 농지를 사 모으면서 일부는 임대를 주고 일부는 내가 직접 농사를 지어보자.

농지취득자격증명을 발급받은 다음 농지를 매입하고 농지원부를 신청한다. 농지원부는 농사를 직접 짓는다는 것을 증명하는 문서로, 이미 농사를 짓다가 나중에 신청했을 때 소급해서 등재되지 않는다는 점을 기억한다. 농지법 개정으로 2022년 4월 15일부터 농지원부는 농지대장으로 개편된다. 관리 책임과 정비 효율성을 위해 관할 행정청을 농업인 주소지에서 농지 소재지로 일원화한다.

농지의 임대차계약과 사용대차계약이 체결·변경·해제되는 경우, 농지의 개량 시설과 농축산물 생산 시설을 설치하는 경우 등 농지에 대한 변경 사유가 발생했을 때, 발생한 날로부터 60일 이내에 시·구··읍·면의 장에게 농지대장 변경을 신청해야 한다. 변경 신고를 거짓으로 하거나 미신고한 경우 과태료도 부과된다(거짓의 경우 500만 원 이하, 미신고의 경우 300만 원 이하).

농지원부 신청 자격

• 모든 필지

농지원부 작성, 발급 절차(과거와 현재 비교)

- 현행 : 거주지 작성·발급 절차(행안부 새올행정시스템)

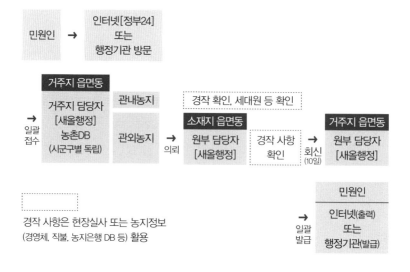

- 개선 : 소재지 작성·발급 절차

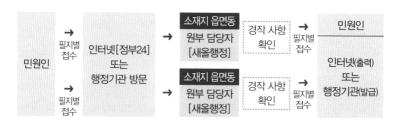

▶ 행안부 새올행정시스템 변경 사항
농지원부 발급 프로그램 개편(메뉴, 조회 및 등록 프로그램, 발급 양식 등)
정부24, 통합 민원(민원실용) 프로그램 개편(민원발급 신청용)

농지원부 신청 시 필요 문서

- 본인 소유일 때 : 농지원부 신청서, 농지취득자격증명, 등기부등본 또는 토지

대장, 경작확인서(마을 이장의 확인 필요)
- 임차한 토지일 때 : 농지원부 신청서, 임대차계약서, 토지대장, 경작확인서(마을 이장의 확인 필요)

농지원부 주요 혜택

- 농지전용 시 농지보전부담금 면제
- 농지원부 등록 2년 경과 후 농지취득 시 취·등록세 50% 감면
- 국민연금 지원, 건강보험료 감면
- 전·답 직불금 지원, 농업용 면세유 지원, 농기계 임대
- 8년 이상 재촌, 자경이 입증되면 농지 양도 때 2억 원 한도 양도세 200% 감면
  (연 3,700만 원의 타 소득 있는 경우 당해 연도는 자경 기간에서 제외)
- 4년 이상 재촌, 자경이 입증되면 농지 양도 후 1년 내 대체농지 구입 시 양도세 100% 감면
- 자녀 대학장학금 우선 지원 및 대학 특별전형입학 지원 가능

농지원부를 5년간 보유, 영농 경력 5년 이상, 만 60세 이상이 되면 농지연금을 신청할 수 있다. 앞서 언급했듯이 영농 경력 5년은 쭉 이어지지 않아도 되고 연금 신청일 직전까지 합산 기간이 5년이면 되므로, 직장 생활을 하면서도 충분히 준비할 수 있다.

농사를 지을 생각이 없는데도 오직 투자 목적으로 농지를 매입하는 것은 권장하지 않는다. 많은 부동산 전문가들과 부동산 관련 책에서 시가지로 개발될 가능성이 있는 농지를 사라고 안내한다. 그러나 농업진흥구역 내 농지를 사서는 안 된다. 농지 투자는 말 그대로 농지를 지키면서 노후도 해결할 수 있는 방식이다. 농지 투자

를 통해 자연과 함께하는 제2의 인생을 열고, 한편으로는 농지연금으로 든든한 노후를 보장받을 수 있다.

　과거에 비해 은퇴 후 생존 기간이 길어졌고 소일거리를 넘어서 먹고살 걱정을 해야 하는 시대가 되었다. 나 역시 토지 투자를 시작한 이유가 노후 생활에 대비하기 위해서였다. 작은 토지 여러 개를 소유하고 있다가 나이가 들었을 때 하나씩 팔아서 노후자금으로 쓰려고 부동산 투자를 했다. 그런데 정부가 나서서 농업인을 위한 사회복지 차원에서 농지연금이라는 제도를 만들었다. 이 제도를 활용하면 국가 차원에서 농지를 보호할 수 있으며, 개인은 건강하고 안정된 노후 생활을 할 수 있다. 말 그대로 토지에 투자한 것이므로 노후자금을 화폐 상태로 두는 것보다는 자산 관리 측면에서도 유리하다.

　부동산 투자는 나의 이익과 사회의 이익을 함께 바라봐야 한다. 정책과 반대 방향으로 가느라 골머리를 앓기보다 정책에 순응하는 방법을 찾는 것이 중요하다. 그래야 투기가 아닌 정당한 투자로 미래를 대비할 수 있다.

온비드 임대토지로 농부 경험 쌓아볼까?

건강을 위해서라도 토지를 가까이하는 것이 좋다. 그런 의미에서 전문적인 농사는 아니더라도 작은 텃밭이나 주말농장에서 농사를 지어볼 것을 추천한다. 특히 농지를 매매해 농사지으면서 농지연금을 받아 노후를 보내고 싶은데 농사 경험이 없어서 걱정이라면 토지 임대를 통해 먼저 농사 경험을 쌓아보자.

도심 주변에 주말농장도 많고 연 10만 원만 지불하면 3~4평의 텃밭을 1년 동안 내 농장으로 쓸 수 있다. 내가 가꾸는 것이지만 농장 주인이 퇴비를 주는 등 기본적으로 살펴준다. 눈을 조금만 돌리면 생각보다 저렴한 비용으로 100~300여 평의 농사를 지을 수 있는 임대토지도 많다.

정보를 찾기가 마땅찮다면 온비드 사이트(www.onbid.co.kr)를 추천한다. 온비드는 한국자산관리공사가 운영하는 온라인 공매 시스템이지만 임대 정보도 취급하고 있다. 물건에 대한 최저 입찰가가 나와 있으므로, 그 이상의 가격을 쓴 응찰자들 가운데 최고가를 쓴 사람이 낙찰받는다.

온비드 사이트를 이용하는 사람들도 임대 파트는 잘 보지 않고 지나친다. 그래서 임대농지가 계속 유찰되어 나중에는 저렴하게 낙찰되는 것이다. 주거지 주변으로 잘 검색해보면 저렴한 가격에 임대로 농사 경험을 쌓을 수 있는 토지를 찾을 수 있다.

임대농지 검색 예시_온비드

　농지연금을 받기 위해서는 농지원부 경력이 5년이 되어야 하는데, 내가 꼭 농지를 소유해야만 농지원부를 만드는 것은 아니므로, 농지를 임대해서 농사를 지음으로써 농지원부 경력을 쌓는 것이 필요하다. 온비드에서 농지를 임차해서 임대계약서를 가지고 농지원부를 신청하면 된다.

　4차 산업혁명에 대비해야 한다는 목소리가 높다. AI가 인간의 일자리를 빼앗을까 걱정하는 이들도 있다. 이런 시대의 변화에도 끄떡없는 것이 '사람의 손으로만 할 수 있는 직업'이다. 농사도 그중 하나이다. 물론 스마트팜과 같은 과학적 농법도 있지만, 거기에도 사람의 역할이 필요하다. 인간의 손으로 할 수 있는 일을 준비한다면 큰 걱정 없는 노후를 보낼 수 있을 것이다.

물길이 없으면 아무것도 할 수 없다

생명체가 건강하게 살아가기 위해 가장 중요한 것이 무엇일까? '먹기'와 '배설하기'라고 생각한다. 그래서 우리 조상들은 이사할 때 맨 먼저 집안에 들여놓는 물건이 밥솥과 요강이었다. 이사한 집에서 만사 순탄하고 좋은 일만 가득하길 염원하는 의미다.

이것을 부동산에 비유했을 때 가장 중요한 것이 바로 물길이다. 사람들이 모여 사는 주거지에는 상수도와 하수도라는 물길이 있다. 상수도는 먹고 마시고 씻는 것과 관련된 시설이고, 하수도는 생활오수, 공장폐수를 처리하는 시설이다. 토지에 건물을 지을 때 가장 중요한 것이 상하수도 시설이다. 도로를 따라 하수도가 설치되어 있는 지역은 연결만 하면 되지만, 그렇지 않은 경우에는 상하수도를 반드시 염두에 두고 토지를 매입해야 한다.

물길에 따라 가치가 달라진다

물길은 농사를 지을 때나 건축물을 지을 때 모두 중요하다. 전·답·과수원이라면 용수로(경작지까지 물을 보내는 통로)와 배수로(물이 빠져나가는 통로)를 봐야 한다. 논에 벼를 심거나 밭에 농작물을 심으려면 물을 잘 대야 하고 남은 물이 아래 논밭으로 흘러 들어가야 한다. 물이 잘 빠지지 않는 토지는 습기를 잔뜩 머금어 농사를 망치기 쉽다. 그래서 농사꾼들은 항상 농업용수를 대기 위한 용수로와 남은 물이 흘러나가는 배수로에 신경 쓴다.

토지를 매입할 때 대부분의 사람들은 눈에 보이는 주변 환경은 둘러보지만 물길을 확인하지 않아 나중에 낭패를 보는 경우가 많다. 전·답·과수원 토지를 살 때는 반드시 구거(4~5미터 폭의 개울로 하천보다 규모가 작은 개울)를 확인하고, 구거가 있다면 용수로인지 배수로인지를 확인해야 한다. 구거를 확인하는 방법은 위성사진으로 지번을 알아본 다음 토지이음 사이트(www.eum.go.kr)에서 해당 토지이용계획확인원을 열람하면 된다. 대개 배수로는 물이 나가야 하므로 농지보다 낮은 위치에, 용수로는 농지에 물을 공급해야 하므로 농지보다 약간 높은 위치에 있다.

구거의 종류

- 자연구거 : 지방자치단체에서 관리. 지적도상 표시가 있어도 평소 물이 흐르지 않는 마른 땅으로 풀이나 잡목 등으로 뒤덮인 경우도 많음.

• 인공구거 : 한국농어촌공사에서 관리. 대개 농지 사이에 존재함. 사용을 원한다면 한국농어촌공사에 구거점용허가를 받아야 함(사용 허가를 받으면 1년에 1회 사용료 지급).

 토지 주변에 배수로가 없으면 남의 토지를 거쳐 구거를 사용하거나 다른 사람들이 설치해놓은 배수로를 써야 하는데 해당 소유주의 동의를 받아야 한다. 기존 건물이 없는 지역이라면 소유주는 많은 비용 부담을 감수하고 하수도를 만들었을 것이다. 또한 내 토지에 다른 사람이 하수도를 설치해서 오·폐수관을 묻겠다고 하면 누가 흔쾌히 동의하겠는가. 공짜로 해주는 경우가 없고 시빗거리나 분쟁으로 이어질 수 있으므로 주의가 필요하다.

 토지를 매입하기 전에 현장을 찾아가서 용수로와 배수로를 확인하고 토목 사무실에서 확인받는 것이 좋다. 특히 제주도 토지를 매입할 때는 더욱 조심해서 배수로를 살펴보아야 한다. 제주도는 지적도상으로 구거가 드물고, 도로에 붙어 있는 토지라 해도 중산간 지역(산간 지역보다 표고가 낮은 지역)에는 건물들이 많지 않아 건물 간의 거리가 멀 수밖에 없어서 기존의 상하수도 시설이 없다. 새로 신설하려면 개인이 부담하기에 비용이 많이 들어서 배보다 배꼽이 더 클 수 있다.

그냥 지나칠 수 없는 배수로

몇 년 전 친한 지인이 노후에 귀촌을 하려고 농림지역의 토지를 약 1천 평 샀다며 한번 봐달라고 요청했다. 그런데 현장을 살펴보고 놀라지 않을 수 없었다. 허허벌판에 주변으로 전·답의 농지가 펼쳐진 곳이었다.

매입한 토지보다 도로가 더 높았는데, 도로 아래로 토지가 6미터 이상 뚝 떨어져 있었다. 지인은 배수로도 살펴보지 않고 주변 토지보다 저렴하다는 이유로 덜컥 매입했고, 퇴직 이후의 인생 2막을 설계하고 있었다. 농림지역이어도 주택을 지을 수 있다는 점을 감안해서 현장을 꼼꼼하게 살펴봤어야 했는데, 도로에 붙어 있다는 것만 보고 매입했던 것이다.

"하수도를 어떻게 하시려고 하세요?"

"그냥 낮은 쪽으로 묻으면 안 돼요?"

그에게 차근차근 배수로와 용수로, 오수와 우수에 대해 설명해주었다. 배수로로 흘러가는 물은 오수와 우수로 구분할 수 있다. 오수는 오물과 화장실에서 사용한 물 등으로 가정이나 사업장에서 정화조를 통해 나오는 생활폐수이고, 우수는 빗물을 말한다. 도로 밑에 오수관과 우수관이 따로 만들어져 있다.

오수와 우수는 각각 오수관과 우수관을 타고 가서 배수로를 통해 배수된다. 많은 비가 쏟아져 내릴 때 역류할 수 있으므로 오수관과 우수관을 분리해놓는 것이다. 전원주택을 짓고 농사를 지으며 살

계획을 세운다면 토지를 매입할 때 도로의 위치, 용수로와 배수로, 오수관, 우수관 등을 모두 고려해야 한다.

농지나 임야 등에서 개발을 위한 건축행위를 하고자 한다면 수로 시설을 감안해서 비용을 계산해야 하고, 개발행위로 정리되어 있는 토지를 매입했다면 우수관도 꼭 확인해야 한다. 비용을 절약하려고 자연배수를 하면 된다고 하면서 우수관을 따로 만들지 않는 개발업자들이 있다. 이 경우 추가 비용이 들거나 준공을 받기 위해 우수관을 설치하는 절차를 거쳐야 하기 때문에 수로 시설 정보를 미처 몰랐다면 큰 낭패를 볼 수 있다.

구거가 있어서 점용허가를 받아 도로로 연결하고자 하더라도, 구거가 용수로일 경우 점용허가를 받을 수 없으니 반드시 확인이 필요하다. 또한 토지이용계획확인원과 지적도상 구거가 있어도 오랜 시간이 흐르면서 구거가 없어지고 농지로 사용되는 경우도 있다. 이런 경우 현황상 농지이고 구거의 역할을 하지 못하므로 배수로로 쓰기에 적합하지 않아 개발행위허가를 받지 못한다.

지인에게는 옆 논의 주인과 잘 협의하여 배수로를 확보하라고 알려주었다. 지인은 옆 논의 주인과 협상을 잘해서 '답'을 '전'으로 만들기로 합의했다. 지인의 토지가 도로에서 뚝 떨어져 있고 옆 논이 지인의 토지보다 높아서 배수로를 묻을 수 없었다. 지인의 토지를 기준으로 물길을 생각하면 옆 토지에 흙을 부어서 높게 만들고, 그 속에 배수로를 묻어야 한다. 그래서 지인은 옆 논의 주인에게 비용을 자신이 부담하는 조건으로 '답'을 '전'으로 바꿀 것을 제안한 것이다. 공사를 하는 김에 논을 밭으로 바꿔주면 나중에 옆 논의 주인이 토지를 매도할 때 더 좋은 가격에 팔 수 있다.

지인은 그 논에 석축과 흙을 메우는 비용을 대는 대신 옆의 토지를 거쳐 배수로를 구거에 연결할 수 있었다. 그리하여 배수로를 확보하고, 옆 논의 주인은 남의 비용으로 자기 토지를 전으로 지목을 변경했기 때문에 토지 가치가 상승하는 효과를 얻었다(통상적으로 같은 지역의 같은 조건이라면 논보다 전이 더 비싸다). 이런 것이 서로 윈윈하는 협상이다. 이후 지인은 퇴직해서 그 토지에 집을 지어 전원생활을 즐기면서 전문 농업인으로 인생 2막을 살아가고 있다.

토지를 계약하기 전에 알았다면 계약 조건에 배수로를 확보해달라는 특약사항을 넣거나, 토지대금을 그 비용만큼 깎았을 것이다. 지인은 그것까지 생각하지 못하고 토지를 매입했기 때문에 배수로를 설치하는 데 많은 돈을 지출해야 했다.

어떤 목적으로 토지를 매수하든 거래 전에 반드시 물길을 확인해야 한다. 물길이 없거나 만들 수 없다면 활용할 수 없는 맹지나 다름없다. 물길을 연결하기 힘들다면 토지 매매가를 결정할 때 그 부분을 반영하거나 물길을 확보해달라는 조건으로 계약해야 한다는 점을 꼭 기억하자.

부부 합산 월 400만 원 수익의 비밀

　나이를 먹어갈수록 '앞으로 노후를 어떻게 잘 보내야 하나?' 하는 생각을 많이 한다. 지금 시대는 자녀들에게 부모의 노후를 책임지라고 할 수 없다. 고단한 현실을 사는 자녀들에게 나까지 부양해달라고 말하기가 어려운 것이다.

　자녀들에게 부담 주지 않고 내가 가진 재산으로 평생을 먹고살아야 하는 시대가 되었다. 더구나 인간의 평균수명이 늘어나면서 앞으로 120세까지 살 수 있다고 한다. 지금이 5060이라면 앞으로도 그만큼 더 산다는 것이다. 그에 대한 대비를 하지 않을 수 없다.

　노후 준비는 얼마나 되어 있는가? 1946~1965년에 출생한 베이비부머에게 물어보면 대부분 성실하게 직장 생활을 했으나 노후 준비를 하지 못했다고 입을 모은다. 자녀 양육비, 교육비 지출 비중이 높고 주거비에 대한 부담이 크기 때문이다. 이는 그다음 세대라고 해서 별반 차이가 없다. 집을 마련하고 아이들을 교육하느라 정작 내 노후를 준비할 여유가 없다.

노후 준비가 되지 않은 상태에서 은퇴한 사람들은 다시 일자리를 갖고 싶어 하지만 나이 탓에 일자리를 찾기도 어렵고 있다 한들 단기 파트타임이나 소일거리가 대부분이다. 결국 퇴직금이나 조금 모아둔 여유 자금으로 자영업을 시작할 수밖에 없다. 국세청에 따르면 우리나라 자영업의 폐업률은 2017년 기준 72.2%(신규 대비 폐업 비율)이며, 통계청은 2017년 기준 음식점의 5년 생존율이 18.9%에 불과하다고 발표했다. 더구나 2년 가까이 이어지는 코로나19 팬데믹으로 자영업자들의 고충은 더 깊어지고 있다.

지금 당장 살아가는 것, 그리고 미래를 대비하는 것은 누구에게나 당면한 현실이다. 나이가 들수록 돈 문제로 인한 고통은 해결하기가 더욱 어렵다. 젊었을 때부터, 적은 액수로 투자를 시작해서 자산을 불려야 한다. 현금으로 가지고 있는 것보다 자산 가치를 지키기 위한 부동산 투자가 필요하다.

나누면 2배가 된다

개인사업을 하는 수강생은 노후에 대한 불안감으로 꼬박꼬박 금융기관에 적금을 붓고 있었다. 나는 그에게 농지연금을 알려주고 경매를 통해 준비할 수 있도록 도와주었다.

그가 사는 곳이 일산이라 고양, 파주 쪽으로 토지를 찾아보고 응찰을 했지만, 고만고만한 물건에는 응찰 인원수도 많아 경쟁이 치열해서 낙찰받기가 쉽지 않았다. 그러던 중 2,300여 평의 농지가 감정가 19억 원에 경매로 나왔다. 그의 주거지에서 해당 농지까지 직선거리로 30킬로미터 이내에 있어서 농지연금 목적으로는 안성 맞춤이었다. 나는 감정평가서를 살펴보고 3차에 부부 공동 입찰을 하자는 제안을 했다.

농지연금을 목표로 할 때 배우자 1인 단독으로 해도 되고, 부부가 각각 토지를 매입해도 되지만, 큰 물건 하나를 공동 입찰해도 좋다. 작은 물건에는 경쟁이 치열하지만 이 토지는 규모가 커서 사람들이 많이 몰리지 않을 거라고 예상했다. 부부가 공동 입찰해서 낙찰받고 나중에 공유물 분할로 각각 단독 소유하는 형태로 만들 수도 있다. 이렇게 하면 농지연금을 2배로 받을 수 있고, 아니면 하나를 매도하고 다른 하나만 연금용으로 남겨도 된다.

사람들은 개발 가능성이 있는 토지를 좋아하는데, 해당 토지는 주변에 송전탑도 있고 지역 전체가 비닐하우스로 이루어진 전형적인 농지라서 유찰 가능성이 있었다. 다른 사람에게 낙찰되면 어쩔 수 없지만 3차에 응찰해서 낙찰받으면 좋겠다고 생각했다. 농지연금의 담보 농지 가격 평가법이 감정가의 90%와 개별 공시지가의 100% 중 연금 신청자가 택일하는 것이므로, 감정가 대비 낮게 낙찰받을수록 투자 가치는 상승한다.

농지연금용 토지는 경·공매를 통해 매입하자는 것이 내 지론이다. 경매는 감정평가가 나와 있어서 농지연금 액수를 예상할 수 있고, 공시지가보다 저가로 매입해야 투자 대비 연금 수익이 상승하기 때문이다.

작전대로 3차에 응찰해 낙찰받았다. 그 물건에 응찰한 사람이 모두 8명이었다. 판사가 다른 사람들에게 이의가 없는지 묻자 연세 지긋한 어르신이 "내가 더 많이 쓴 것 같은데요?"라고 했다. 순간 심장이 두근거렸지만 어르신의 실수였다. 직원과 판사가 오가며 살펴본 결과 어르신이 경매입찰서에 입찰 금액과 입찰 보증금을 바꿔 기재한 것이었다. 그 때문에 1순위였던 어르신이 패찰하고, 11억 원을 쓴 2순위가 낙찰받게 된 것이었다. 경매를 할 때는 입찰 금액과 보증금을 정확하게 써야 한다. 한번 제출하면 낙장불입이니 말이다.

이 토지를 낙찰받을 당시는 농지연금 지급 조건 중 하나인 농지원부의 보유 기간이 5년이 안 되어 5년 뒤에 농지연금을 받을 수 있었다. 경매로 농지를 매입했으니 2년이라는 보유 기간도 채워야 하지만, 농지원부 보유 기간 5년에 자연스럽게 2년이 포함되어 신경 쓰지 않아도 된다.

농지연금 홈페이지(www.fbo.or.kr) '예상 농지연금 조회'에서 농지연금 수령액을 알아보니 혼자 정액형으로 받으면 월 300만 원, 30%를 일시 인출로 받을 경우 일시금 2억 500만 원을 받고 월 211만 원을 수령할 수 있었다. 나중에 부부가 공유물 분할로 토지를 1/2씩 각각 소유한다면 각자 정액형으로 월 300만 원, 30% 일시 인출을 할 경우 각자 일시금 2억 500만 원을 받고 월 211만 원을 각각 수령할 수 있다. 똑같은 금액, 똑같은 토지라도 한 사람 명의로 연금을 수령하는 것보다 2명이 1/2씩 단독 소유해서 각각 수령하는 것이 2배

더 많다. 토지 크기에 따라 연금을 무한정 지급하는 것이 아니라 농지 가격 대비로 지급하고, 최대 한도(월 300만 원)가 있어서 그 이상은 지급하지 않는다. 그래서 부부가 공동 입찰을 했던 것이다.

낙찰 금액의 80%를 금리 1.9%로 대출받고 20%인 2억 2천만 원을 자기자본으로 투자한 것도 전략적인 선택이었다. 농지연금을 수령할 때 감정가의 90% 중 30%를 일시금으로 받을 수 있는데, 지금의 감정가로 계산해서 부부가 각각 연금을 신청할 경우 4억 1천만 원(2억 500만 원×2명)을 일시금으로 받을 수 있으니 대출을 상계 처리하면 된다. 5년 후 농지연금 수령 때 일시금을 받아서 대출금 8억 8천만 원 중 4억 1천만 원을 갚는 것이다.

농지연금을 받기 직전인 5년까지는 대출금 이자를 납부해야 한다. 대출금 8억 8천만 원에 대한 이자는 연 1,672만 원, 한 달에 약 140만 원 정도이다. 한 달에 140만 원씩 적금을 붓는다면 약 52년을 넣어야 8억 8천만 원이 된다. 52년간 적금을 붓는 것도 힘들지만, 고생해서 부어도 한 달에 140만 원이다.

이 부부는 자신들이 투자한 것보다 훨씬 더 많은 연금을 평생 동안 받을 수 있다. 현재 감정가액으로 계산해도 투자금 6억 9천만 원(4억 7천만 원+2억 2천만 원)에 5년치 이자 8,360만 원을 합치면 투자비 7억 7,360만 원으로 평생 동안 부부가 월 422만 원(월 211만 원×2명)을 받을 수 있고 상속도 가능하다.

5년 뒤 감정평가를 다시 받는다면 지금보다 더 오를 것이므로, 토지의 일부(약 300여 평)만 매도해도 나머지 대출금 4억 7천만 원을 갚을 수 있다. 또 30% 내의 일시 인출금 액수는 더 커질 것이다. 이렇게 정리하면 최종적으로 부부는 각자 1억 1천만 원씩 2억 2천만 원을 투자해서 422만 원의 연금을 수령하는 것이다.

이런 경우의 빚은 건강한 빚이자 자산이다. 이것이 바로 인플레이션 헤지(화폐가치 하락에 대비해 주식이나 토지, 건물, 상품 등을 구입하는 것)이다. 시간이 흐를수록 부동산 가치는 올라가기 때문에 투자금 회수는 점점 더 많아질 것이다. 투자금 대비 훨씬 더 크게 돌려받아서 평생 생활비 걱정 없이 살 수 있다.

감정가 19억 1천만 원일 때 감정가의 90%로 계산한 경우

ⓘ 기준나이 : 만65세, 농지평가금액 : 1,719,000,000원

예상 농지연금 조회 결과   ⓘ 도움말

구분	종신형 ⓘ			구분	기간형 ⓘ			
	정액형	전후후박형 (70%)	일시인출형 (30%)		기간형(정액형)			경영이양형
월지급금	3,000,000	3,000,000(전) 3,000,000(후)	2,112,850 (일시인출 금:205,000,000원)	월지급금	만78세 이상 가능	5년	3,000,000	
					만73세 이상 가능	10년	3,000,000	
					만68세 이상 가능	15년	3,000,000	

감정가 19억 1천만 원일 때 감정가의 90%를 부부로 나누어 계산한 경우

ⓘ 기준나이 : 만65세, 농지평가금액 : 1,719,000,000원

예상 농지연금 조회 결과   ⓘ 도움말

구분	종신형 ⓘ			구분	기간형 ⓘ			
	정액형	전후후박형 (70%)	일시인출형 (30%)		기간형(정액형)			경영이양형
월지급금	3,000,000	3,000,000(전) 3,000,000(후)	2,112,850 (일시인출 금:205,000,000원)	월지급금	만78세 이상 가능	5년	3,000,000	
					만73세 이상 가능	10년	3,000,000	
					만68세 이상 가능	15년	3,000,000	

주택연금은 가능하면 늦게 개시하라

이제 주택연금에 대해 이야기해보자. 노후 대비 차원에서 주택연금이 빠짐없이 거론되고 있으므로 정확한 정보를 아는 것이 중요하다.

주택연금은 말 그대로 현재 살고 있는 주택을 담보로 매월 일정액을 연금으로 받는 것으로 주택을 담보로 한 대출 상품이라고 할수 있다. 농지연금과 마찬가지로 국가가 주관하는 제도이므로 안정성이 있고, 연금 수령자가 사망한 후 주택을 처분했을 때 그동안 지급한 금액이 주택 가격보다 많아도 상속자에게 청구하지 않는다 (지급액보다 주택 가격이 더 많을 때 상속인이 수령한다).

주택연금의 장점은 살고 있는 집을 그대로 유지하면서 노후를 대비할 수 있다는 것이다. 신청 대상은 만 55세 이상의 대한민국 국민이어야 하고, 부부 중 한 사람이 만 55세 이상이면 된다. 주택의 공시가격이 9억 원 이하라면 신청 가능하다(다주택자의 경우 주택 합산 공시가격이 9억 원 이하면 가능, 9억 원 초과 2주택자의 경우 3년 이내 1주택 처분 시 신청 가능). 공시지가 9억 원이면 시가 기준으로는 13억~14억 원 수준의 주택도 주택연금 가입이 가능하다는 것이다.

가입자가 100세까지 지급받을 대출연금액을 현재 시점의 가치로 환산한 금액이 대출 한도가 된다. 연금 지급 방식은 종신 방식과 확정기간혼합 방식, 대출상환 방식, 우대 방식 4가지 중에서 선택하면 된다.

주택연금 지급 방식

- 종신 방식
  - 종신지급 방식 : 인출 한도 설정 없이 월 지급금을 종신토록 지급받는 방식
  - 종신혼합 방식 : 인출 한도(대출 한도의 50% 이내) 설정 후 나머지 부분을 월 지급금으로 종신토록 지급받는 방식
- 확정기간혼합 방식 : 수시 인출 한도 설정 후 나머지 부분을 월 지급금으로 일정 기간 동안 지급받는 방식(확정기간 방식 선택 시 반드시 대출 한도의 50%에 해당하는 금액을 인출 한도로 설정해야 한다)
- 대출상환 방식 : 주택담보대출 상환용으로 인출 한도(대출 한도의 50% 초과 90% 이내) 범위 안에서 일시에 찾아 쓰고 나머지 부분을 월 지급금으로 종신토록 지급받는 방식
- 우대 방식 : 주택 소유자 또는 배우자가 기초연금 수급자이고 부부 기준 1억 5천만 원 미만 1주택 보유 시 종신 방식(정액형)보다 월 지급금을 최대 약 20% 우대하여 지급받는 방식
  - 우대지급 방식 : 인출 한도 설정 없이 우대받은 월 지급금을 종신토록 지급받는 방식
  - 우대혼합 방식 : 인출 한도(대출 한도의 45% 이내) 설정 후 나머지 부분을 우대받은 월 지급금으로 종신토록 지급받는 방식

출처 : 한국주택금융공사(www.hf.go.kr)

한국주택금융공사는 주택연금 공급액을 2024년까지 지금보다 2배로 늘리겠다는 목표를 발표한 바 있다. 노후 소득 보장과 주거 안정의 차원에서 주택연금제도를 적극적으로 홍보하고 있지만 아직까지는 가입 수준이 미미한 편이라고 한다.

아파트 가격이 폭등에 가까울 정도로 오르자 기존 주택연금 가입자들이 해약을 고민하고 있다. 최초 평가된 공시지가를 기준으로 산정된 월 지급금은 주택 가격이 올라도 반영되지 않기 때문이다. 집값은 올랐는데 월 지급금이 상대적으로 적어서 시가보다 낮은 가격에 주택을 파는 셈이라고 생각하는 것이다. 중간에 해지할 경우에 그동안 받은 연금액에 복리이자를 더해서 반환해야 하므로 신중하게 가입 여부를 결정해야 한다.

그러나 개인연금이나 토지 등 별다른 노후 준비 없이 주택 한 채만 있다면 주택연금 가입을 고려해봐야 한다. 다만 일찍 가입하는 만큼 매달 받는 월 지급액이 줄어들기 때문에 최대한 가입 시기를 늦추는 것이 좋다. 고정 소득이 있다면 주택연금을 늦게 가입해 월 지급액을 높이는 것이 낫다.

주택연금도 농지연금과 마찬가지로 현금 자산을 보유하는 것보다 인플레이션 헤지가 더 낫다는 것을 보여준다. 노후 대책으로는 현금이 아닌 실물자산인 부동산 투자가 최선이자 최고의 방법이다.

소액을 알차게 활용하는 토지 경·공매

저렴하게 토지를 살 수 있는 방법은 여러 가지 있지만, 자신이 잘 아는 지역의 물건을 경·공매 사이트를 통해서 잘 살펴보고 낙찰받는 것이 좋다. 부동산 강의를 마무리할 때마다 수강생들에게 투자 실천을 할 수 있도록 경매 입찰을 권유한다. 소액으로 할 수 있는 경매 물건을 고르고 임장을 가고 수강생들과 경매 법정에서 만나 입찰을 돕는다.

경·공매로 낙찰받으면 80~90%까지 경락잔금 대출을 받을 수 있다. 건축자금 대출은 건축 규모와 목적에 따라 종류가 구분되지만, 대부분 건축공정률에 따라 건축비의 70~80%까지 대출해준다.

부동산 강의 때 경·공매 입찰 절차와 준비해야 할 것들을 수없이 강조하고 설명한다. 그런데 막상 현장에서 공부한 대로 실천하는 사람들은 몇 명 되지 않는다. 여기서는 실제 사례를 통해 토지 경·공매 절차와 입찰 시 주의할 점 등을 알아보자.

부동산 경·공매, 물건 검색부터 배당까지

경·공매 입찰에 앞서 가장 먼저 생각해야 하는 것들이 있다. 이 물건을 왜 낙찰받으려고 하는지, 어떻게 사용할 것인지, 나에게 꼭 필요한 물건인지, 3가지 질문에 명확한 답을 정리하는 것이다. 3가지 질문을 통해 낙찰을 받아야겠다는 결심이 섰다면 물건에 대해 꼼꼼하게 권리 분석을 한다. 그다음 얼마를 써야 낙찰받을 수 있을지 낙찰가를 예측한다. 입찰 당일에 법원에서 입찰가를 정하려면 현장 분위기에 따라 휘둘리기 쉽다. 내가 생각했던 것보다 훨씬 많이 쓰거나 터무니없이 적은 금액을 쓰기도 한다. 그래서 미리 물건 분석을 통해 합리적인 입찰가를 정할 필요가 있다. 입찰서도 미리 작성해둔다. 입찰 당일에 입찰보증금과 입찰 서류를 비롯한 준비물을 갖추고 법원에 도착한다. 미리 작성해둔 입찰서를 입찰함에 넣고 법원 주변에서 개찰 시간까지 대기한다. 개찰 시간이 되어 법원으로 이동하여 개찰에 참여한다.

부동산 경매 절차

- 경매 신청 및 경매개시 결정 : 채권자가 경매 신청하면 법원은 경매개시 결정을 한다. 매각 예정 부동산을 압류하고 관할 등기소에 경매개시 결정 사실을 등기 기록에 기입하도록 한다. 채무자에게 경매개시 결정을 알려준다.
- 배당요구의 종기 결정 및 공고 : 매각 예정 부동산이 압류되면 채권자들이 배당요구를 할 수 있는 기간을 첫 매각기일 이전으로 정한다. 압류 효력이 생긴

때부터 일주일 안에 경매개시 결정 취지와 배당요구의 종기를 법원경매정보 홈페이지 법원경매공고란 또는 법원게시판에 게시한다.

- 매각 준비 : 법원이 집행관에게 매각 예정 부동산의 현상, 점유 관계, 차임 또는 보증금 액수, 기타 현황을 조사할 것을 명령한다. 아울러 감정인에게 매각 예정 부동산을 평가하게 한다. 평가액을 바탕으로 최저 매각 가격을 결정한다.
- 매각 방법 등의 지정/공고/통지 : 매수 신청인이 매각기일에 매각 장소에서 입찰표를 제출하는 기일입찰법, 매수 신청인이 지정된 입찰 기간 안에 직접 또는 우편으로 입찰표를 제출하는 기간입찰법 중 하나를 선택해 매각기일 등을 지정/통지/공고.
- 매각 실시 : 입찰 희망자들은 입찰 시 최저 매각 가격의 10%를 입찰보증금으로 납부한다. 기일입찰의 경우 집행관이 미리 지정된 매각 기일에 매각 장소에서 입찰을 실시한다. 기간입찰의 경우 집행관이 입찰 기간 동안 입찰 봉투를 접수해 보관하다가 매각 기일에 입찰 봉투를 개봉한다. 이런 방법을 통해 최고가매수신고인, 차순위매수신고인을 결정한다.
- 매각 결정 절차 : 법원은 지정된 매각결정기일에 이해관계인의 의견을 들은 후 매각 허가 여부를 결정한다. 결정에 불복하는 이해관계인은 즉시 항고가 가능하다.
- 매각대금 납부 : 법원은 매각허가 결정이 확정된 물건에 대한 매각대금 지급 기한을 정해 매수인에게 납부를 명령한다. 지정된 기간까지 매각대금을 전액 납부하지 못하면 차순위매수신고인에게 매각허가 여부를 결정한다.
- 소유권이전등기 등의 촉탁, 부동산 인도 명령 : 매수인이 매각대금을 전액 납부하면 부동산 소유권을 취득하고, 부동산 인도 명령 신청이 가능하다. 필요 서류를 관할 등기소에 제출하면 소유권이전등기가 이뤄진다. 매수인이 인수하지 않는 부동산에 관한 부담의 말소등기를 촉탁한다.
- 배당 절차 : 매수인의 매각대금 전액 완납 후 법원은 배당기일을 정해 이해관계인과 배당요구한 채권자에게 기일을 통지해 배당을 실시한다.

참고 : 법원경매정보(www.courtauction.go.kr) 부동산경매 절차

물건을 낙찰받으면 일주일 동안 법원의 매각허가 결정을 기다려야 한다. 법원은 사건에 대해 별문제 없다면 매각허가 결정을 내리고, 문제가 있다면 매각불허가를 내린다. 일주일 뒤 이 사건의 경매가 매각허가 결정이 났음을 법원경매정보(www.courtauction.go.kr)를 통해 확인한다.

매각허가 결정이 난 후에도 일주일을 더 기다려야 한다. 왜냐하면 즉시 항고 기간이기 때문이다. 그 기간 내에 이해관계자들은 매각허가 결정에 대한 항고를 할 수 있다. 매각 결정에 별문제가 없는데도 이해관계인이 항고하면 시간 끌기 목적인 경우가 대부분이다. 초조하게 생각할 필요는 없으며 기다리는 동안 경락잔금 대출을 알아보고 잔금을 준비하면 된다. 항고가 각하되면 매각대금 납부 기한이 정해지고 낙찰자는 대금지급기한통지서를 받는다. 대부분의 매각대금 납부 기한은 낙찰일로부터 약 30일이다.

낙찰자는 잔금을 납부하고 소유권이전등기를 한다. 등기할 때 세입자나 이전 소유자 등이 해당 물건에 거주 또는 사용 중이라면 미리 인도 명령을 신청하는 것이 좋다. 낙찰자가 대금 납부를 하면 약 4주일 후에 배당을 한다. 세입자나 배당을 받을 수 있는 소유자가 배당을 받지 않고 이런저런 이유로 부동산을 인도하지 않고 차일피일 미루다 6개월이 지나면 낙찰자가 인도 명령을 신청할 수 없다. 그때는 명도소송을 해야 하므로 시간적, 경제적으로 손해가 된다. 그래서 소유권이전등기를 하면서 인도 명령을 신청하는 것을 잊지 말아야 한다.

공매 절차는 경매 절차와 크게 다르지 않다. 공매는 개인이 아닌 공공기관이 체납금을 회수하기 위해 채무자의 부동산을 한국자산관리공사에 매각 의뢰해서 진행되는 것이다. 경매와 공매의 차이점은 3장에서 다룰 것이다.

경매 서류, 숫자 하나까지 꼼꼼히 점검하자

청주지원의 물건을 골라서 수강생 둘과 만나기로 했다. 그런데 시간이 임박해서야 한 사람이 헐레벌떡 법원으로 들어섰다. 은행 ATM에서 입찰보증금을 찾으려고 했으나 비밀번호를 틀리는 바람에 은행까지 직접 가서 비밀번호를 다시 설정하고 입찰보증금을 준비하느라 늦었다는 것이었다.

또 한 사람은 전화해보니 법원 근처 ATM 앞에서 발을 동동 구르고 있었다. ATM 인출 금액 한도가 있다는 것을 몰랐던 것이다. 이런 상황을 예상해서 내가 여윳돈을 준비해왔기에 빨리 오라고 해서 입찰 마감 4분 전에 입찰서를 넣을 수 있었다. 하마터면 응찰하지 못하고 헛걸음을 할 뻔했다.

경매법정에서 이런저런 이유로 응찰도 해보지 못하고 발만 동동 구르는 사람들이 많다. 부동산 법인들의 실수 사례도 심심찮게 목격하곤 한다. 법인이 1위로 낙찰받았는데도 패찰하여 차순위인 내가 낙찰을 받은 적도 있다.

법인은 어떤 실수를 했을까? 바로 준비 서류 미흡이었다. 법인

명의로 대표자가 직접 출석해 경매에 응찰하려면 대표자의 신분증, 도장, 법인등기부등본을 첨부해서 제출해야 한다. 그런데 등기부등본이 첨부되지 않은 것이다.

또한 직원이 대리인 자격으로 응찰할 때 대리인의 신분증, 도장, 법인인감증명과 법인인감, 법인등기부등본을 준비해야 하는데 한두 가지를 빼먹는 것이다. 위임장을 제대로 못 썼거나 법인번호와 사업자등록번호를 바꿔 쓰는 경우도 종종 있다.

개인이 흔히 저지르는 실수 중 하나는 입찰보증금을 넣지 않는 것이다. 서식을 작성하는 데 급급한 나머지 봉투에 입찰보증금을 넣는 것을 잊어버린다. 1순위로 호명되고 서류를 검토하는 과정에서 입찰보증금이 없어 무효라고 하면 그제야 허겁지겁 돈을 꺼내는데 그렇다고 유효로 바뀌지는 않는다.

내용을 잘못 기재해서 낭패를 보는 일들도 많다. 사건번호에 따른 물건번호를 쓰지 않거나 잘못 써서 무효가 되는 것이다. 입찰가격을 잘못 써서 패찰되거나 아니면 0을 하나 더 붙여서 터무니없이 높은 가격에 낙찰받아서 포기하고 입찰보증금을 몰취당하는 경우도 흔하다. 안타깝지만 본인의 실수이니 누구를 탓할 수도 없다. 이런 사소한 실수를 줄이기 위해 입찰 서류를 미리 써놓고 전날 입찰보증금도 수표 1장으로 간단하게 준비하는 것이 좋다.

경매 경험이 없는 사람이라면 자신이 응찰할 사건의 관할 법원에 가서 다른 물건 경매를 참관해보는 것도 좋다. 서식도 미리 가지고 와서 집에서 찬찬히 준비해본다. 직접 방문하기 어렵다면 법원경매정보(www.courtauction.go.kr) 사이트 상단의 '경매지식〉경매서식'에 들어가면 기일입찰표와 위임장 등의 서류를 제공하니 출력해서 사용한다. 미리 준비해두면 경매 당일 경매 봉투와 입찰보증금 봉투만 써서 제출하면 되므로 심적 부담을 덜 수 있다.

경매는 가격보다 타이밍이다

어떤 사람이 회사에 가려고 정류장에서 버스를 기다리고 있었다. 몇 분 지나 버스가 왔는데 낡아 보이고 사람들도 많아서 타고 싶지 않았다. 이번 버스는 그냥 보내고 다음 버스를 기다렸다. 그런데 이번에도 낡고 사람이 많아서 타지 않았다. 그 사람은 깔끔하고 여유 있는 버스가 오기를 기다리다 결국 회사에 지각하고 말았다.

부동산 경매시장에서 이런 경우를 종종 발견한다. 마음에 쏙 드는 물건이 나타날 때까지 주야장천 기다리는 것이다. 사람들이 마음에 쏙 들어 하는 물건은 무엇일까? 당연히 가격이 싼 물건이다. 내가 보기엔 그만하면 괜찮은데, "좀 더 싼 것!"을 외치다가 괜찮은 물건들을 다 놓치고 만다. 그러고는 뒤돌아서서 "괜찮아. 어차피 저 물건은 별로였어. 나중에 더 좋은 게 나올 거야"라고 한다. 마치 이솝 우화에서 포도를 따지 못해 "저 포도는 분명히 신맛일 거야"라고 말한 여우처럼 말이다. 가격만을 바라보며 더 싼 것을 찾다가는 좋은 기회를 놓치고 아까운 시간만 흘러간다.

싸고 좋은 물건은 없다

내가 살고 있는 동네에 1년에 한 번씩 꼭 임의경매 물건으로 나오는 부동산이 하나 있다. 소유주가 은행에서 해당 부동산을 담보로 대출받았는데 제때 이자를 납입하지 않거나 대출금 상환이 되지 않아 임의경매에 나온 것이다.

부동산 경매에는 임의경매와 강제경매가 있다. 금융기관에서 담보대출을 받아 부동산을 매입했거나 자금이 필요해 보유 중인 부동산을 담보로 대출을 받으면 금융기관은 해당 부동산에 근저당권을 설정한다. 대출 후 이자 납입이 순조롭지 못하거나 대출금 상환이 되지 않으면 금융기관이 담보 물건을 경매로 내놓는데, 이를 임의경매라고 한다.

반면 강제경매는 채무자가 갚아야 할 돈을 갚지 않을 때, 채권자가 소송을 통해 채무자의 재산을 압류해 매각하는 것을 말한다. 임의경매와 강제경매 모두 경매 진행 절차는 동일하다. 경매를 통해 해당 부동산이 매각되고 낙찰자가 경락대금을 납부하면 법원이 배당 순서에 따라 채권자에게 지급한다. 그러나 채무자가 채무를 상환하면 경매가 자동 취소되는 임의경매와 달리, 강제경매는 경매 취소가 불가능하다. 강제경매로 물건이 매각되었다면 매수인의 동의서가 있어야 경매 취하가 가능하다.

경매의 종류

- 임의경매 : 근저당권, 전세권 등의 담보권을 가진 채권자가 담보권을 행사해서 담보의 목적물을 경매로 매각하는 것. 법원의 판결 없이 경매 신청 가능. 신청서를 작성하고 관련 서류를 구비해서 법원에 제출하면 된다.
- 강제경매 : 부동산 소유주를 채무자로 하는 채권을 가진 채권자가 법원에 소송을 제기해 집행권원(확정판결, 이행권고결정, 조정조서 등)을 받아서 경매를 신청하는 것.

해당 부동산은 전철역 인근에 위치한 오래된 건물로 주변에 대형 마트와 은행, 주민센터 등이 있어 사람들의 왕래가 잦았다. 그 지역이 상업지역으로 개발된다는 풍문도 있었다. 개발된다는 이야기를 듣고 투자하는 편은 아니지만 평소 관심이 있었던 터라 유심히 관찰했다. '한 번 유찰되면 2차에 응찰해야지'라는 생각으로 2차까지 기다렸는데 아쉽게도 꼭 2차에서 임의경매가 취소되었다.

몇 년을 그렇게 닭 쫓던 개 지붕 쳐다보는 격이 되자 오기가 생겼다. 다시 그 부동산이 경매에 나온다면 어떻게 해서든 꼭 낙찰받고 말겠다고 결심했다. 마치 그 부동산이 내 것이 된 양, 그 허름한 건물을 허물고 4층짜리 근린생활시설을 지어서 건물주가 되는 꿈을 꾸기 시작했다. 전철역에 도착해 우리 집으로 가는 길에 일부러 그 건물 앞을 지나가면서 내 눈과 머리에 '이 부동산은 내 것이다'라고 각인시켰다. 마트에 장을 보러 다닐 때도 그 앞에 한참 서서 바라보곤 했다.

그러던 어느 날 그 부동산이 다시 경매에 나왔다. 이번에는 대출 이자가 미납되어 금융권에서 경매를 진행한 것이 아니라 세입자가 전세금을 돌려받지 못해서 경매를 진행한 강제경매였다.

이번에는 반드시 낙찰받겠다는 마음을 먹고 지인과 해당 부동산에 대해 상의했다. 주변 상권, 공시가격, 주변 시세 등을 꼼꼼히 분석해서 1차에 낙찰을 받아도 좋다는 결론을 내렸다. 우리는 의기투합해서 공동 입찰을 했고 목표한 대로 1차에서 낙찰받았다. 뒤에서 공동 입찰에 대해 설명하겠지만, 공동 입찰은 투자금에 대한 부담을 줄이는 장점이 있다.

나중에 명도 과정에서 전세금을 돌려받지 못했던 세입자와 만났는데, 그는 자신이 2차에 해당 물건을 낙찰받으려 했다면서 아쉬움을 토로했다. 조금 싸게 사려고 2차까지 기다렸다가 놓쳤다는 것이다. 그의 아쉬움은 과거에 나도 수차례 경험했던 것이다. 나 역시 싸게 사려고 기다렸다면 이 부동산을 소유할 수 없었을 것이다. 경매라고 해서 마냥 싸게 사려고 해서는 안 된다. 경매에도 시장 원리가 작용한다. 원하는 사람이 많은 물건은 가격이 올라가게 마련이다. 그래서 싼 가격만을 목표로 한다면 좋은 물건을 낙찰받기 어렵다.

그렇다면 적정 가격을 어떻게 알아낼 수 있을까? 경매에 응찰하기 전에 낙찰받고자 하는 물건지의 현황, 주변 시세, 공시가격, 인근에 비슷한 물건의 매매 사례 등을 조사해야 한다. 객관적인 데이터를 통해 적정가를 추정하고 그에 맞게 응찰해야 좋은 물건을 잡을 수 있다.

부동산 가격, 오늘이 제일 싸다

경매 물건을 검색하다 막내 여동생이 사는 지역에서 54평 아파트가 시세보다 30% 정도 저렴하게 경매로 나온 것을 발견했다. 곧바로 동생에게 연락해서 그 아파트를 낙찰받으라고 권유했다. 30여 년 전에 지어진 낡은 아파트라며 동생은 많이 망설였지만 분명 장점이 있었다. 오래된 아파트들은 근래 지은 아파트보다 대지 지분이 많다. 또한 해당 아파트가 바닷가에 인접해 전망이 좋고, 1층이라 아이들이 뛰어도 층간 소음 걱정이 없는 것도 장점이었다. 동생 내외는 많은 고심 끝에 응찰하기로 마음먹었고 입찰가를 얼마로 써야 할지 물었다.

얼마의 입찰가를 써야 낙찰될 수 있는지는 신이 아닌 이상 알 수 없다. 그렇다고 내가 희망하는 가격을 무턱대고 적어서는 안 된다. 그 지역의 시세라든지 비슷한 물건의 경매 낙찰가액, 매매가액, 경·공매 낙찰률 등을 살펴보고 평균을 내서 입찰가액을 정하는 것이다.

이렇게 해서 내린 결론은 2억 4,600만 원 이상이었다. 동생은 망설이다가 2억 2천만 원을 썼다. 모두 7명이 응찰했는데 2억 4,400만 원을 쓴 사람이 1위로 낙찰받았다. 조금이라도 싸게 사려고 하다가 물건을 놓친 것이다.

동생은 무척 아쉬워했지만 좋은 경험을 했다며 다음에는 좀 더 잘해보겠다고 말했다. 그러면서 내가 예상한 액수가 맞았다는 것에 놀라움을 감추지 못했다. 나 역시 낙찰가를 거의 근접해서 추정해냈다는 사실이 몹시 뿌듯했다.

부동산 시장에서 통용되는 말이 하나 있다. "부동산 가격은 오늘이 제일 싸다"는 것이다. 부동산 가격은 오르기도 하고 내리기도 하므로 항상 맞는 말은 아니다. 하지만 "좀 더 싸게!"를 부르짖다가 좋은 물건을 살 수 있는 기회를 놓치지 말라는 뜻이다.

단번에 목표를 달성하려고 욕심을 부리기보다 지금 사정과 환경에 맞게 목표를 세분화하고, 경·공매 시장을 꾸준히 살펴보면서 적당한 물건을 찾아야 한다. 그리고 목표에 맞는 물건을 찾았을 때는 재빨리 움직인다. 기회를 놓치지 않는 자야말로 목표를 이룰 수 있다.

선순위 임차인과 협상하는 법

부동산 중에서도 유독 아파트 경기가 요동을 치니 부동산 경매시장에서 주거용 아파트의 인기가 치솟고 있다. 하지만 세입자가 거주하는 경우 임차인의 가옥 명도를 둘러싸고 분쟁이 발생할 때가 많아 주의해야 한다.

한 지인이 경매를 통해 아파트를 낙찰받았다. 주택임대차보호법 상 대항력(입주와 전입신고)을 갖춘 선순위 임차인이 있는 아파트였다. 임차인은 배당 신청을 했고, 배당 순서에 따르면 전액 배당을 받을 수 있었다. 지인은 매각허가 결정에 따라 매각대금을 완납하면서 임차인에게 내용증명을 보냈다. 그가 보낸 내용증명의 요지는 이러했다.

"대금 완납을 했으니 그 아파트는 내 아파트입니다. 배당을 받으려면 배당일까지 이사를 나가고 배당금을 받아가세요."

내용증명을 본 임차인은 즉시 주택임차권등기를 신청했다. 임대계약이 종료됐는데도 임대인에게 보증금을 돌려받지 못했을 때 대항력을 유지하기 위해 등기하는 것을 임차권등기라고 한다. 임차권등기를 하면 임차인이 다른 주택으로 전입신고를 해도 못 받은 보증금 반환 소송, 지급 명령 등의 절차를 위한 대항력을 유지할 수 있다. 임차권등기 명령이 발효된 뒤에는 연 5%의 보증금 지연 이자를 받을 수도 있다(다음백과 주택임대차보호법 참고).

임차인은 이사비용을 주지 않으면 절대 이사를 나가지 않겠다고 선언했다. 겉으로 보기에는 아무 문제 없는 깨끗한 경매 물건이었는데 생각지도 못한 문제가 발생한 것이다.

집을 비워줄 수 없다는 세입자

임차인은 왜 이런 행동을 했을까? 사실 그는 본인이 살던 아파트를 낙찰받고 싶었다. 패찰당한 것만으로도 속상한데 강경한 내용증명을 받고 더욱 감정이 상했던 것이다.

임차인의 태도에 지인은 변호사를 선임하여 맞대응했고, 그사이 나한테 조언을 구했다. 돕고 싶은 마음에 임차인과 통화를 했는데, 마침 그날이 배당일이었다. 놀라운 것은 낙찰자의 명도확인서가 없는 상태에서 임차인이 그날 배당을 받았다는 것이다.

본래 임차인이 전세보증금을 배당받으려면 주택임차권등기 말소 서류를 낙찰자에게 주고 해당 주택을 비워야 한다. 그리고 낙찰자가 자신의 인감증명을 첨부한 명도확인서를 임차인에게 주면 임차인이 그것을 법원에 제출해야 배당을 받는다. 임차인의 행위와 낙찰자의 행위는 동시이행이 되어야 하지만 순서상 명도확인서보다 주택 명도가 먼저 이뤄져야 한다. 그런데 아무것도 이뤄지지 않은 상태에서 법원이 임차인에게 배당을 해준 것이다. 어찌 된 영문인지 알 수 없었다. 임차인은 배당을 받았으니 '배 째시오'라는 심보로 이사비용을 주지 않으면 집을 비우지 않겠다며 으름장을 놓았다. 임차인이 배당을 받았다는 사실을 알고 지인이 해당 법원에 항의하자 법원은 "배당받은 돈을 다시 가져오라고 하겠다"고 했다. 지인은 어차피 줄 돈이었으니 빨리 집을 비우면 좋겠다는 의사를 임차인에게 전했으나 요지부동이었다.

나는 임차인에게 다시 내용증명을 보내라고 권하며 어떤 내용을 쓰면 좋을지를 알려주었다. '세입자는 배당요구권자로서 권리 신고를 했기 때문에 경매대금 낙찰 금액 중 전세보증금 전액을 배당금으로 수령할 시 낙찰된 물건을 인도할 의무가 있고, 주택임차권등기를 말소할 의무가 있는데도 이사를 가지 않는 상황은 잘못되었음'을 명기하면서 '주택임차권등기말소의무 등의 통지'에 대한 내용증명을 보냈다. 해당 법률을 알려주면서 임차주택을 인도하지 않고 배당을 받은 것에 대한 법적 절차를 밟겠다는 통지를 한 것이다.

주택임대차보호법 제3조2 제3항

임차인은 임차주택을 양수인에게 인도하지 아니하면 제2항에 따른 보증금을 받을 수 없다.

결국 임차인은 이런저런 사유를 들어가며 시간 끌기를 하다가 이사를 갔다. 그 바람에 지인은 시간적 경제적 손해는 물론이고 이만저만 마음고생을 한 것이 아니었다.

이런 일이 생기지 않으려면 경락대금을 납부하는 동시에 인도 명령 신청을 하고 강제집행을 위한 송달증명까지 받아두어야 한다. 임차인이 돌연 마음이 변해 이사를 거부하거나 과다한 이주비를 요구하는 것을 미연에 방지하고, 임차인과 명도 협의가 원활하지 않는 경우 임차인과의 합의를 끌어내기 위한 방법이다.

낙찰자가 인도 명령 신청을 하지 않고 대금 납부 후 등기이전을 한 뒤 임차인을 내보내지 못한 채 6개월이 지나면 명도소송을 할 수밖에 없다. 많은 시간과 경제적 손해를 보는 명도소송보다는 대금 납부와 동시에 인도 명령을 신청할 것을 추천한다. 명도는 시간을 끌수록 낙찰자가 손해이다. 그렇기 때문에 임차인과 협의를 빨리 끝내는 것이 가장 현명하다.

무엇이든 사람의 감정을 먼저 살핀다

주택 경매를 해보고 싶어도 임차인과의 분쟁이 싫어서 하지 못하는 사람들도 있다. 하지만 낙찰받고 항상 임차인과 분쟁을 겪는 것은 아니다.

전세권자인 임차인이 전세금을 돌려받지 못해서 강제경매를 신청한 물건을 낙찰받은 적이 있다. 낙찰대금을 완납하고 배당기일이 되없는데도 명도확인서를 해달라는 말이 없었다. 경매 낙찰 후 진행해야 하는 과정을 세세하게, 최대한 예의를 갖춰서 A4 용지 3장으로 정리한 다음 이전 소유주와 임차인에게 내용증명으로 보냈다. 이전 소유주 역시 해당 주택에 거주하지는 않았지만 전입신고가 되어 있었고, 그가 소유한 물건들도 주택 내에 방치돼 있었기 때문이다.

내용증명을 받은 이전 소유주와 임차인은 내게 전화를 했다. 임차인은 변호사인 자기 아들이 다 처리한 줄 알았다며 사과하고는 10일 정도 시간을 주면 집을 비우겠다고 말했다. 10일 후 두 사람은 먼지 하나 없이 깨끗하게 집을 정리하고 명도확인서를 받아갔다.

분쟁이 예상되는 상황을 만났을 때는 슬기롭게 대처하면 순조롭게 마무리할 수 있다.

내 강의를 듣던 수강생이 낙찰받은 물건의 임차인들을 내보내는 과정에서 이사비용 문제로 옥신각신하게 되었다. 임차인들은 낙찰자가 무조건 이사비용을 줘야 한다고 생각하는데, 잘못 알고 있는 것이다. 큰 비용을 주고받는 경매에서 이사비용은 별것 아닐 수 있지만, 자칫 감정을 상하게 되면 불필요한 분쟁이 발생할 수 있다.

수강생은 이사비용을 당연하게 요구하는 임차인들에게 감정이 상해서 내게 상의했다. 나는 "좋은 물건을 잘 낙찰받았고 마무리하는 과정인 만큼 임차인들에게 너무 매몰차게 하지 말라"고 조언했다. 그는 고심하다가 임차인들이 이사를 나가는 날 "아이들 맛있는 거 사주세요"라면서 약간의 비용을 봉투에 담아 전달했다. 임차인들은 고마움을 표현하면서 이사를 갔다. 사람은 합리적인 것을 추구하지만 한편으로는 감정의 동물이다. 그래서 상대방의 감정을 다치지 않으면서 내 의사를 관철하는 기술이 필요하다.

경매가 진행되는 과정에서 벌어지는 변수는 임차인과의 분쟁만이 아니다. 배당 자격이 있는 임차인이 배당요구를 하지 않거나 철회하는 경우가 있다. 이전 소유주와 맺은 전세계약 기간까지 거주할 목적인 것이다. 이때는 낙찰자가 임차인에게 계약 기간이 만료될 때까지 비워달라고 강제할 수 없고, 임차인의 보증금 또한 낙찰자가 부담해야 한다.

배당요구 철회는 임차인만 할 수 있는 것이 아니라 배당요구를 할 수 있는 채권자도 가능하다. 가처분권자의 배당요구도 신청 및 철회가 가능한데, 선순위 가처분권자의 배당요구 철회도 주의할 필요가 있다. 채권자가 배당요구를 철회하면 낙찰자가 그 채권을 인수해야 한다. 그러면 낙찰자가 감당해야 하는 총비용이 상승해 투자 대비 수익률이 떨어지거나 마이너스가 될 수 있다.

경매로 낙찰받은 후 급한 마음에 빨리 모든 것을 정리하려다 보면 문제가 생길 수 있다.

"큰 나무도 가느다란 가지에서 시작된다."

중국의 사상가 노자의 말이다.

마음에 드는 물건을 낙찰받고 빨리 들어가서 살고 싶어서 혹은 빨리 임차인을 들이겠다고 서두를 필요는 없다. 내가 이룬 것을 누릴 수 있는 시간은 얼마든지 있다. 급히 서두를 게 뭐 있겠는가. 차근차근 순리대로 풀어나가면 모든 일이 순조롭게 해결될 수 있다.

공동투자, 누구와 하느냐가 중요하다

SBS 〈정글의 법칙〉에서 멤버들이 불을 붙이느라 고생하는 모습을 본 적이 있다. 선사시대에서나 볼 법한 방법을 시도하며 애쓰다가 마침내 불이 붙으면 환호성을 지른다. 열악한 환경에서 혼자라면 못 했을 텐데 함께 노력했으니 가능하지 않았을까 싶다.

부동산 투자에서도 혼자 힘에 부칠 때 마음 맞는 사람과 손을 잡을 수 있다. 물건은 좋은데 자금 사정이 여의치 않다면 포기하는 대신 서로 마음이 맞는 사람들끼리 공동투자를 하는 것이다. 나는 공동투자를 할 사람들과 투자 기간, 세금 부담, 목표 수익을 명확히 구분하고 합의된 경우에만 진행한다. 그렇게 해서 제주도에 있는 토지를 성공적으로 매입했다.

공동투자하기 전에 합의부터 먼저 한다

경매 물건을 검색하다가 물건 하나가 눈에 띄었다. 지목은 '임야'

이고 제주도 계획관리지역에 위치한 6,849제곱미터(약 2,075평)의 토지였다. 임장을 가서 확인한 후에 꼭 응찰해야겠다고 마음먹었다. 마침 제주도에서 열리는 세미나에 참석하고 마지막 날 몇몇 학생들과 해당 물건지에 답사를 갔다.

그때가 봄이었는데 그 토지를 보는 순간 어두운 곳에서 빛을 만난 것처럼 눈이 확 트였다. 2차선 도로와 전원주택단지의 입구에 붙어 있어서 주변 환경이 너무 좋았다. 또 차로 10분 거리에 커다란 개발 이슈가 있어 기대심리도 폭발했다. 그러나 기쁨도 잠시 고민에 빠졌다. 혼자 하기에는 조금 부담스러운 금액이었다.

경매기일은 점점 다가왔다. '어떻게 하면 저 물건을 내 것으로 만들 수 있을까?' 고민하고 있을 때 경매기일이 변경되었다. 시간을 벌 수 있어서 안도감에 가슴을 쓸어내렸다. 계속 확인하던 중 그해 12월 초에 다시 경매기일이 잡혔다. 그때 번뜩 생각난 것이 '공동으로 지분투자'를 하는 것이었다.

함께 부동산 투자를 하고 싶어 하는 3명을 만나 이야기를 나눴다. 해당 물건을 매입해서 개발행위를 한 후에 매각하려면 투자 기간은 적어도 10년은 되어야 한다. 총 4명의 공동 명의자 중 누구라도 돈이 필요해서 자기 지분을 매도해야 할 경우에는 공동지분자에게 낙찰받은 금액으로 매도하자고 했다. 매도 희망자가 공동지분자에게 양도하고 싶지 않거나 공동지분자 모두 매수를 원하지 않을 경우에는 공유물 분할로 지적 분할을 하고 3명이 먼저 위치를 정한 뒤 매도 희망자가 맨 마지막에 남은 토지를 매도하자고 약속했다. 피치 못할 사유가 아니라면 끝까지 함께 가기 위한 수단이었다.

낙찰을 받으면 무조건 똑같이 공동으로 경락잔금 대출을 받아 잔금을 처리하기로 했다. 공동지분이라 나중에 개인별로 대출을 받으려면 원하는 금액만큼 받기가 힘들 수 있기 때문이었다. 또 경매로 낙찰받으면 낙찰가의 80~90% 정도를 대출받을 수 있기 때문에 투자 대비 수익률이 좋을 것이라고 기대했다. 공동지분이니 등기비용이나 세금 부담도 각자에게 부과되는 금액을 내기로 합의했다.

공동 입찰 시 합의 사항

경락대금 대출 규모, 투자 기간, 세금 부담 방식, 목표 수익, 자기 지분 매도 희망 시 처리 방법

이 사건은 물건번호가 2개였는데 2개 다 공동으로 1/4씩 응찰했다. 하나는 모두 7명이 응찰했고 또 하나는 3명이 응찰했는데, 우리가 2건 다 낙찰받았다. 우리 4명은 공유지분으로 똑같이 1,712.25제곱미터(약 518평)씩 소유하게 되었다. 개인이 그 지역에서 그 정도 평수를 매수하기는 불가능하다. 큰 평수이기에 아무나 응찰할 수 없는 금액의 부동산을 공동 입찰로 차지할 수 있었다. 지금까지 4명 모두 약속을 잘 지키면서 장기투자를 하고 있다.

선배 2명과 함께 셋이 충북의 한 토지를 경매로 매입한 적도 있다. 감정가 1억 1,500만 원의 토지가 유찰돼 우리가 4,000만 원에

낙찰받았다. 각자 1,500만 원 조금 넘는 돈을 갹출하여 대금을 지급하고 등기를 했다. 임장 경비 등은 갹출한 돈에서 충당했다. 이후 석 달 만에 감정가로 매도했는데, 투자 대비 수익률이 무려 250%였다.

공동투자자의 잘못도 내 책임이다

공동투자의 장점은 단독 투자보다 투자금 부담을 줄일 수 있다는 것이다. 똑같은 돈으로 한곳에 투자하기보다 공유지분 형태로 여러 곳에 분산투자할 수 있다는 것 역시 장점이다.

물론 모든 일에 장단점이 있듯이 공동투자도 항상 좋은 것만은 아니다. 공동투자의 단점은 모든 일을 단독으로 처리할 수 없다는 것이다. '팔거나, 고치거나, 대출을 받는' 등 모든 일을 공동으로 결정해야 한다.

물론 지분 비율에 따라 관리할 수 있는 권한의 범위가 민법에 정해져 있지만 그 권한을 내세워 마음대로 한다면 의견 충돌이 일어나고 지분자와 갈라서야 하는 경우도 발생한다. 그러므로 어떠한 행위를 할 때 항상 의견 일치를 보아야 한다. 그렇지 않으면 분란의 소지가 많고 재산에 대한 권리행사를 할 수 없다. 이러한 점을 모두 감안해서 공동투자를 결정하고, 합의한 내용을 문서로 만들어둔다면 더욱 좋다.

나는 여러 번의 공동투자를 했는데 항상 성공한 것은 아니다. 친한 지인의 추천으로 함께 토지 투자를 하게 되었다. 당시 돈이 부족해서 매수하는 부동산의 1/4의 지분으로 투자를 했다. 지인은 나보다 더 많은 지분을 소유했다.

지분이 적었던 나는 매매대금을 준비했지만 지인은 잔금이 준비되지 않자 부동산에 대한 담보 제공을 해달라고 나에게 요구했다. 소유권 이전을 하려면 잔금을 치러야 하니 담보 제공을 안 해줄 수 없는 상황이었다. 결국 내 지분만큼 담보 제공을 해주었고, 지인은 내 지분을 포함한 총 매매대금의 50%를 대출받아 잔금을 치렀다.

지인은 해당 토지로 개발행위를 진행했는데 생각처럼 빨리 진척되지 않았다. 그러자 대출이 많았던 그는 대출이자를 연체하기 시작했다. 그가 연체한다는 것은 나도 똑같이 연체하는 것과 다름없었다. 내 소유 지분을 담보로 제공했기 때문에 경매로 내 소유까지 잃을 수 있었다. 하는 수 없이 매도를 추진했다. 급매물로 내놓다 보니 매수하고 상당한 시간이 흘렀는데도 매수했던 금액으로 매도할 수밖에 없었다. 수익을 거두기는커녕 마음고생, 몸 고생까지 했던 사례였다. 이후부터 내가 책임자 역할을 할 수 있는 경우에만 공동투자를 추진한다.

공동투자자 중 한 사람이 약속을 지키지 않으면 분란이 일어나고, 결국 모든 지분투자자들이 손해를 입는 경우가 생긴다. 공동투자를 하고 싶다면 마음이 잘 맞고 지향점이 같은 사람들과 함께하고, 의견 일치를 보아야 하는 사항에 대해 미리 논의한다. 욕심 내지 않고 서로 약속과 신의를 지키면 훌륭한 결과를 거둘 수 있을 것이다.

'맹지'라는 두 글자에 묻힌 보석을 발굴하다

나는 밋밋한 부동산 투자는 재미가 없다. 호기심이 많은 성격이라 일반적 투자 방식보다 남들이 하지 않는 방식을 선호한다. 그래서 관심을 갖기 시작한 것이 '맹지'였다. 맹지 위주로 경매 검색을 하면서 눈에 띄는 부동산 하나를 발견했다. 세 번 유찰되고 네 번째 진행되는 물건으로 '맹지'로 표기된 감정평가서 때문에 감정가 대비 34%까지 유찰되었다. 이처럼 감정평가서에 맹지라고 기록된 경우 공로에 출입하기 위한 도로를 개설할 비용을 감안해서 감정평가를 받은 것이다. 그래서 주변 시세 대비 감정가 자체도 낮았는데 맹지라서 계속 유찰되었다. 나는 관련 서류들을 확인했다.

해당 주택이 위치한 토지는 지적도상 도로에 접해 있어 '맹지'가 아니었다. 시골 도로들이 거의 그렇듯이 꼬불꼬불하고 좁아졌다 넓어졌다 하면서 도로 폭이 일정하지 않았다. 전체적인 도로 폭을 보니 자동차가 다니지는 못할 것 같았다. 인터넷 지도에서 로드뷰로 확인해보니 지적도상 도로(지자체 소유인 '군도')에 농사가 지어져 있었다. 지적도상으로 도로가 붙어 있으나 도로의 기능을 하지 못하고 전으로 쓰이고 있어서 감정평가서에 맹지라고 평가한 것이라고 추측했다. 본래 지적도상 도로에 농사를 지으면 안 된다. 그러나 폐도가 되었거나 통행이 거의 없는 도로에 임의로 농사를 짓거나 주차장 등 다른 용도로 사용되는 경우가 많다.

또한 토지에 붙어 있는 구거도 눈에 띄었다. 응찰해봐야겠다고 마음먹고 다음 날 임장을 갔다. 지적도상 도로에 들깨 농사가 지어져 있고 들깨밭 사이로 한 사람이 간신히 걸어 다닐 수 있는 길이 있었다. 입구에는 크게 빨간 글씨로 "여기는 도로가 아니니 접근을 금지함"이라고 쓰여 있었다. '이래서 사람들이 무서워서 응찰을 안 한 거구나' 하는 생각이 들었다.

투자 고수들은 왜 맹지를 찾아다닐까?

감정평가서에 맹지라고 표시되어 있는데도 용감하게 응찰해서 낙찰을 받았다. 토지 투자에서 가장 조심스러운 것이 맹지다. 맹지는 도로와 닿은 부분이 전혀 없는 토지를 말한다. 지적도상에는 사람이 도보로 다닐 정도의 길은 있더라도 차량이 통행하기 어려운 토지들도 있다. 사방이 다른 사람들의 소유지에 둘러싸여 통행을 하려면 주변 토지 소유주들과 협의해야 한다.

이 같은 문제로 사람들은 맹지를 선호하지 않는다. 다른 토지들에 비해 가격은 싸지만 활용하기가 쉽지 않은 것이다. 많은 전문가들이 초보 토지 투자자들에게 맹지를 권유하지 않는 이유다. 그러나 투자 고수들 중에는 맹지를 찾아다니는 사람들이 있다. 그냥 맹지가 아니라 돈이 되는 맹지를 찾는 것이다. 저평가되어 있는 토지를 찾아 가치를 높이면 투자금 대비 수익률이 꽤 높다. 물론 모든 맹지가 다 그런 것은 아니다.

투자 고수들이 좋아하는 맹지

- 지적도상 도로가 존재
- 구거가 붙은 토지
- 현황도로가 있는 토지
- 주변 토지 매입이 가능한 토지
- 주위토지통행권으로 소송이 가능한 토지

첫 번째, 지적도상 도로가 존재하는 맹지다. 내가 발견한 토지처럼 지적도상 도로가 있는데 막상 현장에 가보면 도로가 없는 경우이다. 지적도상 도로가 어떻게 쓰이는지 파악한 후 지자체에 문의하여 도로를 개설해도 되는지 확인한다. 가능하다면 자기 비용으로 도로를 내고 맹지에서 벗어날 수 있다.

두 번째, 토지와 도로 사이에 구거가 있는 경우다. 구거 위에 다리를 놓거나 복개 공사를 하여 도로까지 진입로를 만들려면 구거를 매입하거나 구거점용허가를 신청해야 한다. 구거는 대개 국가 소유라서 매입이 쉽지 않아 구거점용허가를 신청해야 한다. 국공유지일 때는 해당 지자체에 신청하면 되고, 농지와 농지 사이의 도랑은 한국농어촌공사에서 관리하는 농업기반시설이므로 농사 외의 목적으로 사용하려면 목적외사용 승인을 받아야 한다. 구거점용허가 승인을 받으면 1년에 1회 사용료를 납부해야 한다.

구거점용허가 시 준비 서류

점용허가신청서, 토지대장, 토지이용계획확인원, 사업계획서, 인감도장, 주민등록등본, 현장 사진

구거가 사유지인 경우도 있으므로 반드시 소유자를 확인한다. 국공유지나 한국농어촌공사 소유라면 정해진 절차를 밟으면 되지만, 개인 소유라면 협상을 해야 하므로 더 까다로울 수 있다.

세 번째, 현황도로가 있는 맹지다. 현황도로란 지적도상에 표시돼 있지 않으나 현장에서 사용되고 있는 도로를 말한다. 인터넷으로 위성사진을 찾아보거나 현장을 방문해서 확인할 수 있다. 현황도로가 인정되는 경우와 인정되지 않는 경우가 있는데 관할 지자체가 어떻게 보느냐에 따라 달라지므로 반드시 문의해봐야 한다. 현황도로가 있는 경우 맹지라 해도 주택을 지을 수 있다(주택 외의 창고, 공장 등은 도로 폭이 4미터 미만이라면 건축허가가 나지 않는 경우가 많다). 매입 전에 이러한 모든 상황을 꼼꼼하게 확인한다.

네 번째, 주변 토지 매입이 가능한 맹지다. 주변 토지를 매입해서 점용허가를 받아 도로를 만들면 곧바로 맹지에서 벗어난다. 토지

매입 전에 주변 토지 소유주들을 만나서 매도할 의사가 있는지를 알아보는 게 우선이다.

개발행위를 목적으로 한 투자자라면 위의 네 종류 맹지에 관심을 갖는다. 일반 토지보다 저렴해서 도로를 내고 건축을 하면 자신이 산 가격보다 훨씬 더 비싸게 되팔 수 있다. 근래 들어 맹지인데도 여러 입찰자들이 경합을 벌이는 사례가 늘고 있다.

전남 담양군의 맹지(886제곱미터)가 감정가(1,595만 원)의 2.5배가 넘는 가격(4,125만 원)에 낙찰되었다. 지목은 답(畓)이고 농가주택과 농경지·임야가 주변에 있으며, 지적도상 맹지이지만 실제로는 약 5미터 폭의 도로에 접해 있어 차량 통행도 가능한 땅이었다(〈이데일리〉, 2021년 5월 8일). 비슷한 시기에 전남 순천시에 소재하는 토지(397제곱미터)가 무려 43명이 응찰한 가운데 감정가(833만 원)의 3배가 넘는 금액(2,655만 원)에 낙찰됐다. 지목은 대지이고 지적도상 맹지인데 현황은 시멘트 포장도로가 접해 있어 차량 접근이 가능한 토지였다. 산간지대이지만 계획관리지역에 속한 대지이고 차량 접근이 가능해서 개발행위에 적합한 토지로 파악했기에 많은 응찰자들이 관심을 가졌다(〈이데일리〉, 2021년 6월 12일).

내가 관심을 가졌던 토지 역시 지적도상 도로가 있고 구거가 붙어 있었다. 충분히 가치가 있다고 판단해 응찰해서 낙찰을 받았다. 나 외에도 8명이나 응찰했는데, 알고 보니 거의 주변 토지 주인들이었다.

맹지에서 도로 문제 해결하는 법

　낙찰받은 후 주변 토지주들과 주택에 사는 분들을 찾아가 낙찰받은 부동산에 대한 역사를 들었다. 주변 토지주들과 잘 상의하여 도로를 확보하고자 했는데 뜻대로 되지 않았다. 내 토지까지 한 사람도 지나가기 어려운 길밖에 없고 그나마 농사를 짓고 있었다. 인접 토지주들에게 통행해도 된다는 토지사용동의(토지사용동의서를 받는 대신 지료를 지급하는 약정)를 받아 도로를 포장하고 싶었다. 그러나 그들은 자신들이 낙찰받고 싶었던 토지를 가져간 나를 반가워하지 않았다. 도리어 "낙찰받은 금액으로 파세요"라고 권했다.

　"그럴 일 없어요. 저는 여기가 좋아서 살려고 해요. 그러니 꼭 도와주세요. 도와주시면 보답하고 마을을 위해 일하겠습니다."

　하지만 토지주들의 반응은 냉담했다. '몇 억을 줘도 못 해준다.' '당신이 박사면 나도 박사다'와 같은 말을 늘어놓았다. 텃세는 점점 더 심해져서 그나마 있던 통로도 없애고 그곳마저 농사를 짓는 것이었다.

　궁여지책으로 해당 지자체로부터 구거점용허가를 받아서 구거의 둑에 통행로를 만들어 걸어 다녔는데, 그것 역시 동네의 몇몇 사람들이 자꾸 막아섰다. 지적도상 군유지인 '도로'를 허가받아 측량까지 했지만, 그곳도 사람들이 농사를 지으며 막무가내로 막았다.

　지적도상 군유지인 도로에 농사를 지어도 지자체가 일일이 확인하기 어렵고 아주 중요한 도로가 아닌 한 묵인되는 경우가 많다.

설사 교통방해죄 명목으로 신고해도 처벌 수위가 약하고, 그 지역에서 거주할 거라면 주민들과 자꾸 마찰을 빚는 것도 불편해 웬만하면 서로 얼굴을 붉히지 않으려고 했다. 하지만 결국 합의가 되지 않아 법으로 할 수밖에 없었다. 나는 고문변호사한테 자초지종을 얘기하고 민법 제219조제1항 '주위토지통행권'으로 소송을 진행해 달라고 부탁했다.

주위토지통행권은 내 토지 주위에 도로가 없고 내 토지로 가기 위해 다른 토지를 지나가야 할 경우에 주변 토지주에게 신청하는 권리다. 소송을 통해 주위토지통행권을 얻으면 주변 토지를 통행하거나 필요한 경우 통로를 개설할 수 있다. 손해가 가장 적은 장소와 방법을 선택해야 하고, 토지 소유자에게 손해배상을 해줘야 한다. 다만 내 토지로 가기 위해 통행할 도로가 전혀 없는 경우에만 인정된다. 기존 도로가 있는데 좀 더 편리하게 가기 위해 주변 토지를 지나가려는 경우에는 인정되지 않는다.

소송이 진행되면서 법원은 군도(郡道)에 대한 측량을 명령했고, 군도를 도로로 원상복구하고 도로 폭이 4미터가 되지 않는 군도와 접한 토지 소유자에게 매도하거나 지료를 받는 것으로 합의하는 것이 어떠냐고 설득했다. 대화로는 풀리지 않던 일이 소송으로 쉽게 풀려나갔다.

인접 토지주에게 7평 정도의 토지를 시세로 매수하여 폭이 좁은 일부 도로를 넓혀서 통행로가 확보되었다. 혹시라도 나중에 또 막을까 하는 노파심에 토지대금을 지급한 후 바로 도로에 콘크리트

포장을 해버렸다.

결국 감정평가서에 맹지로 나와 누구도 거들떠보지 않고 최저가 34%까지 떨어졌던 부동산(주택 및 토지)은 맹지에서 탈출했다. 감정가 대비 45% 정도에 사서 7평의 도로를 더 확보해 부동산 가치를 끌어올린 것이다. 나는 주위토지통행권 소송으로 맹지에 도로를 개설한 다음 되팔았다.

이러한 사례를 이야기하면 대부분의 사람들은 무조건 맹지를 사서 소송으로 도로를 내겠다고 생각한다. 하지만 이것은 위험천만한 발상이다. 맹지에 무조건 주위토지통행권이 적용되는 것이 아니다. 토지 상황에 따라 상당히 까다로우므로 주의가 필요하다. 적용된다 하더라도 토지 소유주의 손실을 보상해주는 비용이 미래에 거둘 비용보다 크다면 투자의 의미가 없다.

토지 소유주들과 협의가 잘되지 않으면 모든 면에서 불리하다. 내가 사고자 하는 맹지까지 도로를 내야 하는 지번이 많고 그 지번마다 토지주가 다르다면 힘들다. 다만 주도로와 멀지 않아 상대해야 하는 토지주가 적다면 해볼 만하다. 또한 내 토지를 둘러싼 토지주가 여럿이어도 한 사람만 설득해도 통행로를 낼 수 있다면 이역시도 해볼 만하다.

맹지 탈출로 가치를 올리다

토지를 다시 물색하던 중 전원주택단지 옆구리에 붙어 있던 토지를 발견했다. 단지 내에서 가장 못생겨서 유일하게 남아 있던 토지였다. 못난이 토지를 분양가보다 상당히 싸게 매입했고, 부리나케 공사를 시작해 내 토지의 경계에 철근콘크리트로 벽을 쌓았다. 그저 내 부동산의 가치를 올리고자 한 것인데 나중에야 옆의 토지가 '맹지'라는 사실이 눈에 들어왔다.

해당 맹지는 겹겹이 싸인 다른 토지들 때문에 도로를 내기도 쉽지 않았고 그나마 내가 산 토지에 도로를 내기가 가장 쉬웠다. 내가 소유한 토지보다 그 토지가 더 넓었는데, 공사를 하기 전에 의논했다면 서로 토지를 교환해서 내 토지는 예쁘게 성형하고 그 토지는 도로를 낼 수 있었을 것이다. 하지만 이미 공사를 착수해 도로를 내줄 수 없으니 그 토지는 계속 맹지로 남을 수밖에 없었다. 나보다는 그 토지 소유주가 더 안타까운 상황이었다.

토지주가 자기 토지를 맹지에서 탈출시키고 싶었다면 앞서 말한 대로 협의를 청하거나 내 토지를 샀어야 했다. 그렇게 도로를 확보하고 전원주택을 개발했다면 현재보다 가치가 많이 올라 좋은 가격에 팔 수 있었을 것이다. 그러나 이제는 팔고 싶어도 팔기 어렵고 토지 가격도 주변 시세의 1/3 정도밖에 되지 않는다.

해당 맹지는 주변 토지보다 지대가 낮고 주변은 모두 철근콘크리트, 보강토 등의 석축으로 둘러싸여 있다. 맹지까지 드나드는 도로를 만들려면 인근 토지주들한테 토지사용료를 지불하거나 도로 면적만큼 토지를 매입하고 공사를 다시 해야 한다. 저지대라서 토지높이를 맞추려면 어마어마한 흙도 들어가야 한다. 협의가 잘 안 되면 소송비용까지 고려해야 한다. 비용이 너무 많이 지출되므로 엄두가 안 나는 것이다. 현재로서는 맹지에서 탈출할 수 있는 방법이 보이지 않는 상태다.

초보의 경우엔 맹지를 섣불리 거래하지 말고 주의할 것을 권한다. 건축법상 맹지(사람의 보행과 자동차 통행이 가능한 너비 4미터 이상의 도로를 건축법상 도로라고 한다. 건축법상 도로가 있는 곳에 건축할 수 있으므로 이것이 불가능한 곳을 건축법상 맹지라고 본다)와 고속도로, 자동차전용도로에 접한 토지에 투자하면 안 된다.

투자 고수들이 좋아하는 맹지를 기억하고 꼼꼼히 따져보아야 한다. 정확히 알지 못하고 맹지를 사서 이러지도 저러지도 못하는 사람들이 많다. 그리고 주위토지통행권과 같은 관련 법도 잘 알아야한다. 마지막으로 강조하는 것은 인간관계이다. 맹지는 더욱더 주변 토지 소유주들과의 관계가 중요하다. 토지를 매입할 계획이 있다면 주변 토지주들에 대해 알아보고 진정성 있게 다가가 관계를 맺어야 한다. 잇속만 따지면서 접근한다면 누구도 나를 도와주지 않는다는 점을 기억하자.

임장하는 데도 안목이 필요하다

부동산 투자를 하지 않는 사람이라도 부동산 투자를 하려면 꼭 임장을 해야 한다는 것을 알고 있을 것이다. 임장과 답사는 같은 맥락으로 쓰이는데, 현장을 방문해 부동산 매물과 주변 환경을 확인하는 것이다. 개인이 움직이기도 하지만 부동산 투자자들은 그룹을 지어 임장을 가기도 한다. 나도 수강생들과 함께 수차례 임장에 다녀왔다. 현장 상황을 정확히 알고 건물이나 토지를 매입해야 하기 때문이다. 하지만 임장을 다녀와서도 잘못 거래를 하는 경우가 많다.

내가 사는 지역에 부동산을 개발하여 매매하는 일을 하는 고령의 어르신이 있다. 그분은 평생을 부동산 투자와 개발을 해왔는데도 크게 실패한 사건이 있었다. 토지를 매입하기 전에 꼭 나에게 보여주며 의견을 묻곤 했는데, 어느 날은 전원주택단지를 만들 계획이라며 토지를 보여주었다.

그 토지를 보는 순간 별로 마음에 들지 않았다. 고속도로 인터체인지(IC) 옆의 푹 꺼진 토지로 주변은 온통 논이었다. 우측으로는 고속도로의 램프(높이나 지형 등이 다른 두 도로가 만나는 지점으로, 경사지거나 곡선형 도로라 안전을 위해 램프가 설치돼 있다)가 줄지어 있었고, 고속도로와 이어지는 국도가 해당 토지보다 높아서 바로 앞의 전망을 꽉 막고 있었다. 누가 봐도 전원주택이라는 개발 목적과 맞지 않는 토지였다. 이 토지를 매입하려는 이유가 궁금했다.

임장으로 알 수 없는 정보 찾는 법 1 - 지질조사

"나 같으면 동쪽, 남쪽, 서쪽이 다 도로만 보이는 전원주택에 안 살 것 같은데요. 도로와 너무 가깝고 도로보다 푹 꺼진 게 흠이네요."

내가 토지 매입에 반대하자 어르신은 고개를 절레절레 저었다.

"안 살 수 없어. 벌써 계약하고 계약금까지 지불했어."

"목적에도 안 맞는 토지를 왜 사셨어요?"

"주변 시세보다 많이 싸서 샀지. 이 토지를 사면 이 뒤의 맹지인 논까지 싸게 살 수 있잖아."

토지를 소개한 중개사가 빨리 계약하지 않으면 다른 사람이 사기로 했다기에 마음이 급해서 덜컥 계약을 했다는 것이었다. 내 의견이 아무 소용 없는 셈이었다.

"그런데 좀 이상하네요? 무슨 냄새 안 나세요?"

"무슨 냄새?"

"시궁창 냄새 같은데."

토지를 둘러볼 때부터 어디선가 퀴퀴한 냄새가 났는데 주변에 의심 가는 건물도 없어서 뒤쪽에 있는 논에 퇴비를 뿌렸나 보다고 생각했다.

어르신은 매입한 토지에 허가를 내고 토목공사를 개시했다. 굴착기가 들어와서 토지의 표면을 파헤치자 뜻밖에도 쓰레기가 쏟아져 나왔다. 파헤치는 곳마다 쓰레기가 나와서 마치 쓰레기 매립장과 같은 광경이 눈앞에 펼쳐졌다. 어르신은 아연실색해서 나에게 어떻게 해야 하느냐고 물었다.

주변 시세보다 많이 싼 가격이라면 의심했어야 했는데 너무 안타까웠다. 토지 거래도 일반 상업적 거래와 다르지 않다. 겉으로 보기에 아무 하자가 없는데 이상하게도 다른 상품보다 싼 물건이 있다면 분명히 숨겨진 하자를 의심해봐야 한다. 그러지 않고 싼 가격에만 현혹되면 잘못된 거래를 하기 쉽다. 어르신은 임장을 했는데도 불구하고 가격이 싸다는 이유로 목적에도 맞지 않은 토지를 매입한 것이다.

부동산 거래를 하기 위해서는 반드시 임장을 해서 내가 원하는 목적에 맞는 토지 혹은 건물인지를 확인해야 한다. 특히 여러 명이 함께 임장을 하면 일종의 군중심리에 휘말리기 쉬우니 조심해야 한다. 토지를 보지 않고 풍경만 보고 감탄하는 사람들도 있다. 그저 형식적으로 대충 둘러봐서는 안 되고, 중개인의 현란한 말솜씨에 넘어가서도 안 된다. 스스로 꼼꼼하게 정보를 확인한 다음 관련 서류까지 모두 검토하고 매입 여부를 결정해야 한다.

토지의 실제 위치, 땅의 경사도, 주변 도로 및 토지 상황, 구거 위치, 묘지·송전탑·축사 등 기피/혐오 시설 유무

※토지를 겨울에 임장할 경우에는 우거진 풀이나 나무 등이 없어서 토지 상태 그대로를 확인할 수 있고, 여름에 임장을 한다면 장마나 폭우로 인한 수로(물길) 등을 확인할 수 있다.

이런 일을 겪지 않으려면 어떻게 해야 할까? 임장을 통해 해당 토지가 목적에 맞지 않는 물건이라는 걸 확인했으니 일차적으로는 매입하지 말아야 한다. 잘못된 선택을 하지 않는 게 우선이다.

토지 가격이 싸서 미련이 남는다면 지질조사를 해야 한다. 어떤 지역의 지질, 즉 암석이나 지층 등을 명확하게 파악하는 것을 지질조사(지반조사라고도 함)라고 하는데, 건축허가/신고를 위해서는 선행되어야 하는 조사이다. 어마어마한 건물의 무게를 잘 견딜 수 있는 토지인지 알아보기 위해 건축물을 세울 토지에 구멍을 뚫어서 땅속을 살펴본다. 이 조사를 했다면 토지에 막대한 양의 쓰레기가 파묻혀 있었다는 사실을 발견했을 것이다.

가끔 계약 전에 토지를 파보고 싶어서 지질조사를 조건으로 붙일 때가 있다. 사전 조건을 붙이면 매도인은 100% 반대한다. "왜 돈도 안 받고 내 땅을 파헤치냐?"는 것이다. 반대한다면 뭔가 문제가 있는 것이니 매입하지 않는 것이 낫다. 여러 가지 사정으로 계약 전 지질조사가 어렵다면 계약서의 특약사항란에 지질조사로 인해 문

제가 발견되었을 때 잔금에서 비용을 차감하거나 계약을 해지한다는 내용을 덧붙이는 것이 좋다.

나는 어르신에게 해당 토지를 중개한 중개소와 의논해서 계약을 파기하라고 일러줬다. 그러나 토지 매도인은 잔금을 다 받았으니 모르쇠로 일관했다. 게다가 계약서의 특약사항란에 '현 상태의 매매 계약임'을 들어 계약 파기도 할 수 없었다. 주변 토지 시세보다 저렴하게 사서 개발하여 투자 이익을 조금 더 볼 수 있겠다고 생각했던 어르신은 폐기물 처리에 많은 비용을 지불하고서야 그 토지에 전원주택단지를 조성할 수 있었다. 전원주택으로서는 주변 환경이 적합하지 않은 탓에 투자한 자금을 회수하는 것으로 만족해야 했다.

임장으로 알 수 없는 정보 찾는 법 2 - 주변 물길 살피기

임장은 지상의 상황을 확인할 수 있는 방법이다. 그런데 전혀 예상하지 못한 땅속 상황으로 문제가 발생할 수 있다. 나는 땅속 물길 때문에 여러 차례 고생한 적이 있다. 직접 겪어보기 전까지는 땅속을 지나는 물의 흐름까지 파악해야 한다는 것을 전혀 생각지 못했다.

어느 해 봄, 야트막한 임야 1,800여 평을 지인이 아는 사람들 5명과 공동 매수했다. 나에게 공사를 부탁해서 현장을 살펴보니 큰 어려움이 없겠다 싶었다.

봄에 건축허가를 받고 공사를 하다가 장마철이 되었다. 그전에도 장마 때 공사를 하다가 고역을 치른 적이 있어서 이번에는 미리 대비했다. 비가 많이 올 때 피해를 줄이기 위해 비닐과 보온재를 덮어 현장을 정리해놨는데, 현장소장으로부터 급하게 연락이 왔다. 토목공사를 한 맨 아래쪽이 다 무너졌다는 것이다. 과거의 악몽이 생각났다. 위쪽은 괜찮은데 아래쪽이 무너졌다면 땅속의 물길이 또 문제구나 싶었다.

현장에 도착해 살펴보니 내 생각이 맞았다. 조경석을 설치하는 공사를 하고 있었는데 그 큰 조경석들이 무너져 있었다. 그만큼 물살이 세다는 것으로 위에서 내려온 것이 아니라 땅속 물길 때문이었다. 자연적인 물길을 조경석을 쌓아 인위적으로 막아놓은 상태에서 비가 많이 오자 물이 쏟아지면서 조경석 축대가 무너졌던 것이다. 다시 정리해서 공사를 마무리했지만 추가 비용이 많이 들어 경제적 손해를 입었다.

왜 이런 일이 생긴 걸까? 땅속에 있는 수로를 정확히 파악하지 못했기 때문이다. 평상시에는 물이 흐르지 않는 마른 수로인데 비가 많이 와서 물이 흘러 들어간 것이다. 여름 장마철 높은 산에 나 있는 도로를 지나갈 때 산이 절토된 면에 파이프 같은 것이 많이 꽂혀 있고, 그 파이프에서 많은 물이 쏟아지는 것을 본 적이 있을 것이다. 산이 개발되지 않았다면 땅속의 자연적인 물길을 따라 빗물이 자연 배수되었을 텐데, 공사와 같은 인위적인 행위를 하면서 물길을 제대로 정리하지 않아서 이 같은 일이 벌어진 것이다. 이렇게 되면 우리가 재해로 인식할 만한 사고가 생길 수 있다.

개인주택을 하나 짓겠다고 지질조사를 하고 매입하기는 현실적으로 어려우므로 주변의 물길을 잘 살피는 것이 중요하다. 주변 물길의 흐름을 살펴보면 땅속 흐름도 예측할 수 있다.

임장으로 알 수 없는 정보 찾는 법 3 - 토지이용계획확인원

임장을 했지만 어처구니없는 토지 사기를 당한 경우도 있다. 강의 시간에 수강생 한 명이 본인이 매입한 토지가 괜찮은지 봐달라고 했다. 자랑하고 싶은 마음이 역력해 보였는데, 막상 물건을 보고 당황하지 않을 수 없었다. 경기도에 위치한 그 토지는 유지(溜池. 연못, 저수지, 호수, 댐 등과 같이 상시적으로 물을 저장하고 있는 토지)였다. 지목을 잘못 이해해서 유지를 유원지인 줄 알고 매입한 것이었다.

우리나라 지목은 28개로 두문자(낱말의 첫 글자)와 차문자(낱말의 두 번째 글자)로 구별한다. 대부분 두문자로 구별하지만 4개의 지목은 차문자로 구별하는데, 조금 헷갈릴 수 있는 지목을 소개하자면 유원지(원), 유지(유), 주차장(차), 주유소용지(주), 공장용지(장), 공원(공), 하천(천)이다.

지목과 부호(괄호 표기)

전(전), 답(답), 과수원(과), 목장용지(목), 임야(임), 광천지(광), 염전(염), 대(대), 공장용지(장), 학교용지(학), 주차장(차), 주유소용지(주), 창고용지(창), 도로(도), 철도용지

160

(철), 제방(제), 하천(천), 구거(구), 유지(유), 양어장(양), 수도용지(수), 공원(공), 체육용지(체), 유원지(원), 종교용지(종), 사적지(사), 묘지(묘), 잡종지(잡)

그는 아는 사람과 함께 임장을 갔는데, 그 저수지를 보여주면서 "저 저수지를 유원지로 개발하는 것이고, 주변 토지도 상가와 주차장 등으로 개발한다"고 했다고 한다. 결국은 물이 가득 찬 저수지 안의 일부분인 토지를 매수한 것이다.

임장만 갔을 뿐 토지이용계획확인원을 떼보지 않고 지도 검색도 한 번 안 하고 소개한 사람의 말만 믿고 샀다는 것이었다. 그 저수지 안의 물이 다 말라야 토지로 드러날 상황이었다. 10년, 20년이 가도 투자수익을 볼 수 없는 토지다. 그는 울며 겨자 먹기로 아직까지 그 토지를 보유하고 있다.

요즘은 인터넷이 발달되어 굳이 임장을 가야 할까 고민하는 사람들이 있다. 인터넷으로 항공 뷰를 확인할 수 있고, 지적도를 열람할 수 있다. 다리 아프게 발품 팔지 않아도 책상 앞에 앉아 인터넷을 뒤적이면 정보를 찾을 수 있다는 것이다.

하지만 나는 반드시 임장을 가보라고 권한다. 현장에서 직접 눈으로 토지 형태, 주변 환경을 확인해야 더욱더 정확한 정보를 얻을 수 있기 때문이다. 토지만 보는 것이 아니라 주변에 거주하거나 일하는 사람들을 만나 대화를 나눔으로써 좀 더 다양한 정보를 얻을 수 있다. 그렇게 얻은 정보들이 내가 추구하는 목적에 맞는지 반드시 확인해야 한다. 남의 말에만 의지하는 것은 매우 위험하며, 꼼꼼한 조사를 통해 자기 확신을 가져야 한다.

또한 할 수 있다면 지질조사를 하고, 주변 물길의 흐름을 보고 땅속 물길을 예측하는 것도 필요하다. 토지이용계획확인원을 통해 토지 정보를 정확하게 아는 것 역시 중요하다. 좋은 토지를 매입하고 싶다면 그만큼 부지런해야 한다. 부지런한 사람이 좋은 열매를 따 먹는다.

부동산 거래, 끝날 때까지 끝난 게 아니다

아무것도 아닌 사소한 일도 서두르다 보면 잘못되는 경우가 있다. 금방 씹어 넘길 수 있는 음식물이 목에 걸려 사레가 들리거나 아주 작은 돌부리에 걸려 넘어지는 것처럼 말이다.

부동산 매매는 최종 계약이 마무리될 때까지 얼마간의 시간이 소요된다. 매수인은 마음에 드는 물건을 발견하면 하루빨리 계약이 마무리되길 바라는 마음에 조바심이 난다. 매도인은 매수인이 나타나도 좀 더 높은 가격에 팔 수 있지 않을까 하는 기대감에 마음이 오락가락한다.

하루가 다르게 가격이 오르는 시점에서 매수인은 잔금일을 빨리 앞당기고 싶다. 반대로 매도인은 더 높은 가격에 사겠다는 사람이 나타날 수 있으므로 일정을 당기고 싶지 않다. 두 사람의 입장이 완전히 다른 만큼 여러 가지 변수가 생기기 쉽다. 최초에 구두로 계약 의사를 밝히고 계약서를 만들기까지 매도인 혹은 매수인의 입장이 바뀔 수 있고, 계약서에 서명하고 계약금을 주고받은 후에도 얼마든지 생각이 바뀔 수 있다.

요즘같이 하루가 다르게 부동산 시장이 요동을 칠 때는 거래 과정에서 생각지 못했던 문제들이 발생하는 경우가 많으니 계약일, 중도금일, 잔금일 때마다 침착하고 냉정한 태도를 유지해야 한다.

최종 계약 완료까지, 급할수록 침착하게

매도인과 매수인은 정반대의 입장이므로 부동산 거래를 할 때 주의가 필요하다. 아무래도 매도할 때보다 매수할 때 더 챙겨야 할 것들이 많다. 오랫동안 부동산 개발을 해왔기에 매도인보다 매수인으로서 마음고생을 한 적이 더 많았다.

가족 4명이 공동지분을 가지고 있는 부동산 거래를 마무리하는 잔금일이었다. 잔금일은 굉장히 큰 금액이 오가는 날이다. 대부분 잔금 이체를 위해 금융기관의 인터넷뱅킹을 사용하는데, 법인이든 개인이든 한도가 설정되어 있다. 매수인은 1일 이체 한도를 살펴보고 매수인은 잔금을 준비해야 한다. 나 역시 잔금 액수가 워낙 커서 며칠 전부터 자금을 모으기 시작했고 등기 서류와 대출 서류를 법무사와 함께 준비했다.

혹시 잘못된 것이 있는지 수시로 확인받으면서 잔금일 3일 전에 법무사 사무실에 모든 서류를 넘겨주었다. 잔금일에는 해당 부동산의 이해관계자가 전부 모이므로 어수선하고, 한 사람이 한 마디씩만 해도 감정을 건드리기 쉬워 그 자리에서 계약이 파기되기도 한다. 그래서 잔금일에는 모든 절차를 빨리 끝내야 한다는 생각을 하고 있었다. 그토록 꼼꼼하게 준비하고 부동산중개사와 법무사에게 수차례 확인했는데 결국 일이 터지고 말았다.

4명의 공동 매도인 중에 2명만 왔는데 등기권리증(등기필증)을 분실했다며 인감증명만 가지고 온 것이다. 어이가 없는 일이었다. 물론 살면서 등기권리증을 분실할 수도 있다. 그러나 분실했다면 미리 법무사나 부동산중개사에게 사실을 통지하고 그에 맞게 대비를 했어야 한다.

등기권리증을 분실했다면 확인서면을 제출하면 된다. 등기권리증은 재발행되지 않으므로 분실 시에는 확인서면을 통해 자신이 소유주임을 증명할 수 있다. 매매계약서, 신분증, 인감도장이 필요하고 본인이 직접 등기소에 가서 등기관으로부터 확인조서를 받거나, 법무사 혹은 변호사에게 위임해 확인서면을 받아도 된다. 확인서면의 서식은 간단한 편이고, 등기의무자 본인의 엄지손가락 우무인, 좌무인의 지문 날인이 필요하다.

그런데 매도인이 2명밖에 오지 않아 확인서면을 받을 수 없는 상황이었다. 부랴부랴 나머지 1명은 택시를 타고 왔지만, 나머지 한 사람은 요양병원에 계신 어머니여서 올 수가 없었다. 법무사가 찾아가니 코로나 때문에 외부인 면회가 불가능하다고 했다. 더구나 대리 발급받은 어머니의 부동산 매도용 인감증명을 본인에게 확인하는 과정에서 어머니에게 알리지 않고 인감증명을 뗀 사실이 드러났다. 법무사는 당사자의 동의 없이 발급받은 인감증명은 사용할 수 없다고 말했다. 결국 시간적으로 모든 문제를 해결할 수 없어 잔금일에 잔금을 치르지 못하는 불상사가 일어났다.

매도인들은 본인들의 잘못으로 잔금일에 매매대금을 지급받지 못했고, 매수인인 나는 더 큰 손해를 입었다. 해당 날짜에 대출받지 못해 다시 대출기관을 찾느라 더 높은 금리에 대출을 받아야 했기 때문이다.

부동산 거래를 할 때는 매도인보다 매수인이 더 불리한 입장에 놓여 있기 때문에 계약 전까지 모든 문서와 절차를 꼼꼼하게 준비해야 한다. 아울러 매도인의 준비 상황도 점검해서 미비한 점들이 있다면 미리 알려준다. 특히 대리로 발급받은 문서는 반드시 당사자에게 확인해야 한다. 급한 마음에 제대로 확인하지 않으면 계약무효로 큰 낭패를 볼 수 있다. 최종적으로 계약이 마무리되기 전까지 절대 마음을 놓아서는 안 되는 것이 부동산 거래이다.

일반적이지 않은 요구에는 신중하게 대처하라

부동산 거래를 하다 보면 가끔 상식 밖의 행동을 하는 매도인과 매수인 때문에 곤욕을 치르는 경우도 있다. 친하게 지내던 지인으로부터 임야를 하나 소개받았다. 토지주는 자금이 급해서 시세 대비 저렴하게 매도하기를 원했는데, 중도금 없이 매매대금의 30%를 계약금으로 지급해달라고 부탁했다. 부동산 거래에서 계약금은 10%인데 30%를 요구하는 것은 일반적이지 않았다. 조금 꺼림칙했지만 시세 대비 저렴한 가격이고 어차피 지급해야 할 매매대금 중 일부이니 그렇게 하겠다고 약속한 후 계약서에 서명했다. 계약금을 많이 지급해서인지 잔금까지는 꽤 여유가 있었다.

그런데 어느 날부터인가 그 동네에 이상한 소문이 돌기 시작했다. 내가 계약한 그 임야를 다른 사람이 매입하고 잔금을 치렀다는 것이었다. 깜짝 놀라서 등기부등본을 열람해보니 제3자 앞으로 등기가 되어 있었다. 매도인이 하나의 물건을 가지고 이중매매를 한 것이다. 매도인은 내가 지급한 계약금으로 급한 불을 끄고, 제3자에게 더 높은 금액으로 계약을 했다.

너무 황당하고 당황스러워서 중간에 소개해준 지인을 통해 연락을 했다. 그러나 매도인은 '배 째란 식'으로 안하무인이었다. 할 수 없이 민사소송을 하게 되었고, 소송이 마무리될 때까지 이중매매로 인한 피해는 고스란히 내가 떠안았다.

부동산 거래를 할 때 계약금, 중도금, 잔금, 등기이전까지 여러 달이 소요된다. 이러한 점을 악용해서 매도인이 복수의 매수인에게 하나의 물건을 매도하는 이중매매가 발생할 수 있다. 이중매매를 한 매도인은 횡령, 배임으로 처벌을 받는다.

형법 제355조를 살펴보면 "타인의 사무 처리를 하는 사람이 본인 혹은 제삼자에게 이득을 취하게 하여 사무를 위임한 본인에게 재산 손해를 가하게 되는 범죄를 배임죄"라고 한다. 2018년 대법원 전원합의체 판결에서 부동산 매매 계약에서 중도금이 지급되는 등 계약이 이행 단계에 이른 경우 매도인을 '타인의 사무를 처리하는

자'에 해당한다고 보고, 이중매매 시 배임죄에 해당할 수 있다고 보았다(모든 이중매매에 배임죄가 성립되는 것은 아니고 이중매매 시점이나 물건 종류 등에 따라 성립 여부가 달라질 수 있다). 이중매매 시 형사처벌이 가능하고 채무불이행에 관한 민사소송까지 제기할 수 있다.

내 사례와 같이 계약금만 지급된 상황에서 매도인의 잘못으로 계약 해지가 된다면 매수인은 계약금의 배액을 배상받을 수 있다. 반대로 매수인의 잘못으로 계약 해지가 된다면 매수인은 계약금을 돌려받지 못한다. 매도인의 배임죄가 인정되더라도 그가 제3자와 맺은 매도 계약이 해지되는 것은 아니므로 매수인의 피해를 막기는 어렵다.

매도인은 계약금만 돌려주려고 안간힘을 썼지만 나는 매도인의 다른 부동산에 가압류를 해놓았다. 2년가량 이어진 소송에서 내가 승소했고 계약금과 손해배상금을 받았으나 그 과정에서 얽히고설킨 실타래를 푸느라 마음고생을 너무 많이 해야 했다.

부동산 거래의 목적은 돈을 벌기 위한 것이다. 하지만 돈보다 더 중요한 것이 신의다.

부동산 거래는 큰돈이 오가는 만큼 신중에 신중을 기해야 한다. 일상적이지 않은 요구를 받을 때는 앞으로 벌어질 수 있는 일을 예상하고 예방책을 찾아야 한다. 시세보다 저렴한 가격이라는 눈앞의 당근에 현혹되어 이치에 맞지 않는 요구를 받아들여서는 안 된다. 부동산 거래에 대해 잘 모르겠다면 전문가인 공인중개사나 법무사, 변호사 등과 협의하는 것이 바람직하다. 수수료를 조금 아끼려다 그보다 더 큰 재산 피해를 입을 수 있다.

　모든 일이 다 그렇듯이 일을 하다 보면 아주 사소한 일로 문제가 커지기도 하고, 생각지도 못했던 돌발 상황이 나타나기도 한다. 숭늉의 밥알도 목에 걸릴 수 있는 것처럼 말이다. 하지만 그것을 통해 일을 배운다는 생각으로 꾸준히 이겨나갔다. 지금은 넘어졌던 돌부리를 발판으로 더 조심하고 신중하게 일하고 있다.

소액으로 하기 좋은 공유지분 경매

하나를 가르쳐주면 열을 아는 수강생이 있다. 그는 수업 때 배운 내용을 잘 활용하여 열심히 투자하고 있다. 그야말로 청출어람이 따로없었다. 그가 하는 투자법 중에 '공유지분 경매를 이용한 투자'가 있다. 여러 명이 공동소유(공유등기)한 토지의 공유지분이 경매로 나왔을 때 매수하는 것이다.

등기의 종류

- 개인등기 : 하나의 토지를 한 사람이 소유하는 것.
- 구분등기 : 하나의 부동산을 여러 구획으로 나눠 독립적으로 소유하는 것으로 아파트와 오피스텔, 빌라 등이 해당. 원룸 건물이나 고시텔, 비즈니스 사무실 등은 구분등기가 되지 않음.

* 공유(지분)등기 : 하나의 토지를 여러 사람(공유자)이 1/N만큼 나눠 소유하는 것. 등본에 공유자의 지분이 표기돼 있음. 개인 지분을 독립적으로 매각할 수 있어 재산권 행사의 제약이 없음.

* 합유지분등기(공동등기) : 하나의 부동산을 여러 사람(합유자)이 공동으로 소유하는 것. 대표자가 있고, 개인 지분이라도 합유자 전원이 동의해야 처분할 수 있음. 독립적으로 매각할 수 없다는 점에서 재산권 행사의 제한이 있음.

그는 경·공매에서 검색한 공유지분 물건에 응찰하고 낙찰을 받는다. 낙찰받은 지분을 활용하고 싶어도 공유 상태로는 쉽지 않기 때문에 지

분권자들에게 분할을 요청한다. 협상이 잘되면 다행이지만, 그렇지 않은 경우 공유물분할청구소송을 제기한다. 현물 분할이 쉽지 않거나 분할로 인해 가치가 감소할 우려가 있을 때 민법 제268조와 제269조에 의해 법원이 공유물 전체를 경매해서 매각대금으로 지분만큼 현금으로 나누라는 판결을 내린다.

이렇게 되면 토지의 매각을 원하지 않는 공유자들은 분할등기를 하겠다는 합의를 할 수 있다(공유자 전원 합의해야 가능). 그렇지 않은 경우라면 판결대로 토지가 매각돼 매각대금을 분할한다. 이 모든 절차에 소요되는 기간이 최소한 1년 이상이고 일정 비용도 감수해야 하지만 그는 "소액투자로 해볼 만하다"고 했다.

사람들이 지분투자에 대한 두려움으로 이런 물건을 선택하지 않아서 경쟁이 심하지 않은 만큼 주변 시세 대비 저렴하거나 공시지가 이하의 물건이라면 어느 정도의 수익률을 기대할 수 있다. 좋은 물건의 지분이 경매시장에 나왔다면 공유지분 경매에 도전해볼 만하다. 소액으로 가능하고 부동산 투자 실전 연습을 하는 차원에서 시도해볼 것을 권한다.

그러나 중요한 것은 물건을 잘 골라야 한다는 점이다. 토지와 도로의 인접 상황, 어떤 용도와 어떤 규모로 건축물을 지을 수 있는지, 대출 여부 등을 확인하고, 토지대장이나 관공서에서 고지하는 개발 계획 등을 꼼꼼히 살피고 미래 가치를 가늠해야 한다. 자신의 발품과 노력, 공부를 대신할 수 있는 것은 없다는 점을 꼭 기억하자.

수익과 손해의
한 끗 차이

부동산 투자,
실전에서 답을 찾다

부동산 투자회사와 기획부동산의 차이

새 학기가 시작된 지 얼마 되지 않았을 때의 일이다. 수업 직전에 학생이 서류 하나를 내밀며 봐달라고 부탁했다. 부동산 계약서였는데 우리가 통상 알고 있는 것이 아니었다.

지도에서 주소지를 검색해보니 경기도 고속도로 IC 부근의 임야였다. 사람이 접근하기 어려운 임야 30평을 평당 250만 원이나 되는 가격에 매수한 것이다. 어린 학생이 부모님께 받은 돈과 착실하게 아르바이트해서 모은 돈을 몽땅 투자한 것이었다. 계약서에 기재된 주소로 매도자의 인적 사항을 확인해보니 서울 강남구에 소재한 사무실이었다.

학생은 학교에 오기 전에 부동산중개소를 통해 계약했다고 했다. 그가 지인한테 적극 추천받았다는 말을 듣고 직감적으로 기획부동산이라고 느꼈다. 그러나 학생은 그곳이 기획부동산이라는 것을 전혀 짐작조차 하지 못했다. 나는 서둘러 부동산중개소에 연락해서 계약 해지를 강력하게 요청했다. 부동산중개소 측은 갑자기 '어른'이 나서자 놀란 눈치였고 다행히 계약 해지를 해주어 학생은 계약금을 돌려받을 수 있었다. 계약한 지 몇 시간 만에 빨리 손을 썼기에 해지가 가능했다.

기획부동산은 행운에 대한 기대심리를 노린다

기획부동산으로 인한 문제점이 널리 알려졌음에도 심심찮게 피해 사례를 접한다. 기획부동산은 정식 명칭이 아니다. 기획부동산을 하는 사람들이 자신들을 일컬어 기획부동산이라고 지칭하지도 않는다. 외형만 보면 일반적인 부동산 투자회사와 다르지 않다. 그렇다면 무엇을 기획부동산이라고 부르는 걸까?

활용할 수 없는 토지를 비싸게 파는 것을 기획부동산이라고 한다. 일반적인 부동산 투자회사는 토지를 매입하고 개발해서 가치를 올려서 되파는 일을 하지만, 기획부동산은 쓸모없는 토지를 비싼 값에 팔아치우는 행위를 한다. 토지를 개발하는 데는 관심이 없고 개발될 거라는 말로 사람들을 현혹할 뿐이다. 매수인들은 아무 쓸모 없고 개발할 수도 없는 토지를 기획부동산에 속아서 시세보다 비싼 값에 매입한다. 이것이 일반적인 부동산 투자회사와 다르다.

계약 자체에는 문제가 없기 때문에 피해를 입더라도 구제받기가 쉽지 않다. 땅을 치며 눈물을 흘려도 기획부동산의 사기죄를 증명하기는 어렵다. 사기죄가 성립하려면 상대가 나를 속였다는 것을 증명해야 하는데, 객관적 증거 자료가 없기 때문이다. 그러므로 스스로 조심하는 것이 가장 중요하다.

기획부동산을 어떻게 구분할 수 있을까? 기획부동산의 타깃은 직원과 직원의 지인들이다. 기획부동산에서 일하는 직원이 일차적인 피해자일 가능성이 높다. 앞서 굴레를 쓴 그들이 지인들을 같은 구렁텅이로 끌어들이는 것이다. 전혀 모르는 남보다는 아는 사람을 공략하기가 더 쉬우므로 기획부동산 직원들은 적극적으로 지인들에게 다가간다.

이들은 어떤 토지를 소개할까?

"사기만 하면 몇 배 오를 거야. 정말 확실한 투자수익을 보장해."

일단 사두면 몇 년 안에 몇 배가 오른다고, 마침 기회가 찾아왔다고, 돈도 많이 안 들고 몇백에서 몇천만 원만 투자하면 된다고 한다.

이 3가지 말에는 모두 오류가 있다. 우선 사기만 하면 몇 배가 오르는 토지를 찾기가 쉽지 않다. 전생에 나라를 몇 번 구하면 이런 토지 하나쯤 찾을 수 있을까. 거의 불가능에 가깝다. 부동산 투자로 잔뼈가 굵은 사람들도 사기만 하면 오르는 토지를 찾는 것이 아니다. 개발해서 가치를 높일 수 있는 토지를 찾아내서 적절한 비용과 시간을 투자하고 개발한 뒤 매입가보다 더 높은 가격에 되파는 것이다. 자기 노력을 들여서 토지의 값어치를 높이는 것이지, 가만 있어도 오르는 토지가 있다고 믿지 않는다. 하늘에서 뚝 떨어지는 행운을 기대하지 않는다는 뜻이다.

마침 기회가 왔다는 말도 마찬가지다. 그 좋은 기회를 왜 나에게 주겠는가? 부모도 자녀도 연인도 아닌 나에게 왜 소중한 행운을 나뉘주려는 걸까? 난데없이 생판 모르는 사람에게 온 투자 권유 전화도 마찬가지다. 상식적으로 생각해보면 진실을 판가름할 수 있다.

적은 돈으로도 투자가 가능하다는 말은 너무 매력적이다. 비록 몇십 평일망정 토지 소유주가 됐다는 뿌듯함과 자랑스러움을 포기할 사람이 누가 있겠는가? 그런 마음 때문에 기획부동산의 꾐에 빠지는 것이다.

기획부동산이 권하는 토지 매물은 왜 적은 돈으로도 매입이 가능할까? 공유지분이 많기 때문이다. 하나의 필지를 쪼개서 서로 전혀 모르는 사람들에게 파는 것이다. 그렇기에 토지 가격이 싼 것이고, 공동지분자들이 서로 모르는 사이기에 토지 개발을 논의하는 것이 불가능하다. 물론 대부분 개발할 만한 토지도 아니다.

기획부동산을 통해 토지를 샀는데 산꼭대기에 있는 임야이더라, 비가 많이 오니까 물에 잠기더라 등의 웃지 못할 사례들이 많다. 어느 문중이 공동소유하는 토지의 일부 필지를 쪼개 팔아서 매수인들이 나중에 그 사실을 알고 판매자에게 집단소송을 건 경우도 있다. 앞서 공유지분 투자가 괜찮다고 한 것은 해당 토지를 활용할 정확한 목적이 있고 방향성이 잘 맞는 사람들과 뜻이 일치할 때이다. 돈이 얼마 없으니 작은 토지라도 일단 사야겠다는 마음으로 접근하는 것은 대단히 위험하다.

지인이 부동산 투자를 적극 권하면서 좋은 토지를 소개해주겠다고 하면 덥석 믿어서는 안 된다. 보통 친분을 강조하면서 강하게 설득하고 빠른 계약서 서명을 유도한다. "어떤 물건인지 공식적인 서류를 검토하고 현장에 가서 직접 보겠다"고 말하면서 시간을 두고 관련 서류를 꼼꼼하고 철저하게 확인해야 한다.

투자할 때는 말 그대로 투자의 마음으로 해야 한다. 일확천금을 거두기 위해 투자를 하는 것이 아니다. 내 자산을 지키고 시장에서 통용되는 기대수익률 정도를 불려나가는 것이다. 일반적이지 않은 상식 밖의 수익을 거두고자 하는 바람이 자칫 나를 함정에 빠뜨린다는 점을 명심하자.

누가 기획부동산의 타깃이 되는가?

친하게 지내는 한의원 원장이 지인을 대리인으로 내세워 경매로 1억 원대 건물을 낙찰받았다고 했다. 그런데 지인이 물건에 대한 대출이 나오지 않는다며 자신이 여러 물건을 묶어서 담보신탁으로 대출을 받을 테니 해당 건물을 담보물로 제공해달라고 한다는 것이었다.

부동산 담보신탁이란 부동산 소유주가 부동산에 대한 자기 권리를 타인에게 위탁하는 것으로, 부동산 소유주는 부동산 신탁회사에 담보 목적의 부동산을 신탁한 후 수익증권을 발급받아 금융기관에 제출해서 대출받는다. 이렇게 되면 해당 부동산의 실소유주는 부동산 신탁회사가 되며, 부동산 소유주는 대출금을 갚아야 근저당권이 말소되고 실소유주로서 자격을 되찾는다.

부동산 신탁등기를 하는 이유는 일반 대출보다 더 많은 대출금을

178

받을 수 있기 때문이다. 하지만 실소유주가 바뀌기 때문에 부동산 소유주는 신탁 상태의 해당 부동산을 처분할 수 없고 신탁 해지를 해야만 처분할 수 있다. 원장의 상황에서는 부동산 담보신탁이 전혀 필요 없었다.

물건을 정한 것이 그의 지인, 대리인으로 낙찰을 받은 것도 그의 지인, 경락잔금 대출이 안 나온다고 말한 것도 그의 지인이라는 이야기를 듣고 통화를 하면서 찾아보니 해당 건물은 경락잔금 대출이 충분히 나올 수 있는 물건이었다.

"대출이 안 나올 리가 없어요. 그냥 경락잔금 대출을 받으세요."

통화를 마치고 며칠 후 그로부터 다시 연락이 왔다. 경락잔금 대출을 받을 수 있게 도와달라는 것이다. 그때까지의 상황을 다시 물어보니 그는 지인에게 물건을 소개받고 대리인으로 낙찰받는 것에 대한 수고비와 교통비 명목으로 2천만 원을 지불했다는 것이다. 그런데도 마무리가 되기는커녕 여전히 담보신탁 얘기가 있고, 그의 지인은 자기 회사에서 해당 건물을 에어비앤비처럼 관리해주겠다고 했다는 것이다. 일의 흐름이 너무나 이상해서 알아보니 그 사람은 기획부동산에 다니고 있었다. 진화한 기획부동산의 수법에 속아서 곤란한 상황에 빠진 것이다.

이 거래에서 가장 황당했던 것은 그가 지인에게 지불한 2천만 원이었다. 일반적으로 공인중개사 자격증을 가지고 대행 업무를 했다면 경매 대행수수료는 법원 감정평가 금액의 1% 또는 낙찰 금액의 1.5%이다. 100만~150만 원 정도면 되는 수수료를 2천만 원이나 받았으니 무려 20배가량의 부당이득을 취한 것이었다.

나는 알고 지내던 대출모집인에게 전화를 걸어 해당 건물에 대한 경락잔금이 얼마 나올 수 있는지를 확인하고 소개해주었다. 경락잔금 대출은 신용에 문제없다면 어려운 일이 아니다. 경락잔금 대출을 담당하는 금융모집인들이 많이 있으니 잘 모를 때는 그들의 도움을 받으면 된다. 시간이 없거나 대출에 대해 잘 모를 때 대출모집인들이 골라주는 대출 상품을 이용하면 많은 도움이 된다.

경매법정에 드나들 때 명함을 주는 사람들이 바로 대출모집인이다. 여신금융협회에 등록된 우리나라의 금융모집인은 약 3천 명 정도이다. 법정에서 명함을 받았다면 은행연합회에서 운영 중인 대출모집인 통합조회 시스템(www.loanconsultant.or.kr)을 통해 정식으로 허가를 받은 사람인지 확인하면 된다.

대출이 무사히 마무리되고 나서 원장은 "속이 뻥 뚫린 느낌입니다. 시원하게 문제를 해결해주셔서 감사드립니다"라는 문자 메시지를 보내왔다.

부동산에 대해 잘 몰라서 전문가에게 의지하고 싶어 하는 사람들이 많다. 안목이 있으니 좋은 물건을 선별해줄 거라고 기대하는 것이다. 이런 사람들은 기획부동산의 타깃이 되기 쉽다. 누군가 좋은 투자처를 콕 집어주기를 기대하지 말자. 투자는 스스로 하는 것이고 투자처도 스스로 공부해서 알아봐야 한다. 남에게 100% 의존하는 투자는 항상 위험이 존재한다. 속이는 사람이 나쁜 것이지만 그 피해를 내가 고스란히 입게 된다는 점을 명심하자.

부자가 되고 싶은가? 그러면 반드시 공부하자. 어느 분야이건 최고의 자리에 오른 사람은 자신의 재능이나 현재 위치에 만족하지 않고 끊임없이 공부한다. "논 자취는 없어도 공부한 공은 남는다"는 속담도 있다. 공부하지 않고 투자하면 100전 100패이니 착실하게 공부하고 실전 경험을 쌓자.

계약서만 꼼꼼히 살펴도 문제없다

부동산 거래는 상당한 재산이 오가는 중요한 일이다. 아무리 조심해도 지나치지 않고 신중에 신중을 기해야 한다. 살아가면서 적어도 한두 번 이상 부동산 계약서를 작성하게 되는데, 잘 몰라서 혹은 익숙해서 챙겨야 할 것들을 놓치면 큰 낭패를 볼 수 있다.

거주를 위해 경매로 집을 낙찰받은 적이 있다. 그 집에 세입자가 살고 있었는데 보증금을 한 푼도 돌려받지 못하는 불상사가 일어났다. 계약서를 보니 틀린 주소(옆 토지 번지)가 쓰여 있어서 배당을 전혀 받지 못한 것이다. 전 소유자 B가 틀린 주소지의 소유자 A에게 토지를 매입해서 집을 지었고, 세입자와 전세 계약을 할 당시에는 B가 외국에 거주하면서 A에게 주택 관리를 맡겼다고 한다.

B의 대리인인 A가 세입자와 임대 계약을 할 때 주소를 잘못 기재하는 바람에 피해를 입게 되었다. A가 왜 계약서에 주소를 잘못 기재했는지는 알 수 없다. 하지만 그의 의도가 무엇이었든 세입자가 계약서의 주소와 자신이 살 집의 주소가 동일한지를 한 번만 확인

했더라면 방지할 수 있었던 사고였다.

과거 번지수로 표기하던 시절 간혹 계약서상 주소를 잘못 표기해서 피해를 입는 사람들이 있었다. 이제는 건축물은 도로명 주소를 써서 좀 나아지긴 했지만, 계약서 내용이 정확하게 기록돼 있는지 꼼꼼하게 확인해야 한다. 부동산중개소는 등기사항전부증명서(등기부등본)에 나와 있는 사항을 바탕으로 계약서를 작성하는데, 그것보다는 건축물관리대장을 근거로 작성하는 것이 바람직하다.

등기부등본은 건물에 대한 기본 정보와 소유권 이외의 권리관계를 확인하는 문서로서 널리 사용되지만 법적 효력이 없다. 건축물관리대장은 건물의 '호적'으로서 공신력이 있다. 건축물관리대장과 등기부등본의 내용이 서로 다를 때 건축물관리대장의 내용을 우선시한다. 그런 만큼 등기부등본과 건축물관리대장을 함께 살펴보는 것이 좋다.

기본 서류, 하나도 놓치지 말자

매매 계약을 진행하면서 어떤 이들은 계약서 내용이 복잡하고 법적인 용어가 많다 보니 중개인들에게 알아서 잘해달라고 하면서 정작 본인은 신경 쓰지 않는다. 하지만 큰돈이 오가는 일을 남의 눈에만 의지해서야 되겠는가. 처음부터 끝까지 꼼꼼하게 읽어보고 기재해야 할 내용을 하나하나 확인한다.

매물의 주소, 매매대금, 계약금, 중도금, 잔금 액수와 지급일, 대출금이 있다면 승계 여부, 매도인과 매수인의 인적 사항과 매도인 본인 여부 등을 모두 확인한다. 기본적이고 익숙한 정보일수록 틀리기 쉽고, 틀린 것을 발견하지 못하고 넘어갈 수 있다. 돌다리도 두들겨보고 건넌다는 마음으로 신중하게 작성하고 검토해야 한다.

또한 계약서의 특약사항을 기재할 때도 많은 주의가 필요하다. 부동산마다 제각각의 특징이 있어서 그에 맞춰 매매 조건을 설정해야 한다. 정원수, 정원석, 농작물 등 토지 현황에 대한 것이라든지, 잔금을 앞당기거나 늦출 수 있다든지, 임야를 매매할 경우 분묘에 대한 것은 누가 책임질 것인지 등을 꼼꼼히 적어놓는 것이 서로를 위해서도 좋다. 이렇게 중요한 계약서 작성을 부동산중개사무소에 전적으로 맡기거나 소홀히 한다면 나중에 문제가 발생했을 때 대처하기가 어려우므로 눈을 부릅뜨고 살펴보자.

계약서를 작성할 때는 매도인, 매수인, 공인중개사, 계약 당사자들의 가족까지 많은 사람들이 모이는 경우가 많아 엄청 어수선하다. 이런 가운데 실수가 발생할 수 있는 만큼 미리 계약서를 작성해서 사전에 확인하면 시간을 절약하고 실수를 줄일 수 있다.

부동산 거래를 할 때 반드시 확인해야 하는 문서
매매계약서, 등기사항전부증명서, 토지대장, 지적도, 건축물관리대장, 토지이용계획확인원
※부동산 소유주를 반드시 대면하고 확인할 것(신분증 함께 확인)
※세입자로서 전세 계약 시 전입신고를 하면서 확정일자도 함께 받을 것

※현장에 가서 물건을 꼼꼼히 살펴보고 어떻게 활용할지 생각해볼 것

공인중개사 시험을 어렵게 합격하고 곧바로 개업한 지인이 있다. 첫 고객은 중년의 여성으로 남편 소유의 아파트를 매도해달라는 의뢰였고 중개에 성공했다. 그런데 그 여성은 외국에 있는 남편 대신 계약을 했고, 잔금을 받는 날도 남편의 부동산 매도용 인감증명을 가지고 대리인 자격으로 사무실에 왔다. 모두 아무 의심 없이 거래를 마무리했고, 그 여성은 잔금을 치른 날 바로 이사를 나갔다.

그런데 얼마 지나지 않아 여성의 남편이 부동산중개소에 찾아왔다.

"내 아파트를 누구 허락받고 판 것인가? 내가 아파트를 매도하라고 한 적도 없고 아내는 아파트를 팔아 연락도 없이 어디론가 이사를 갔다."

천만다행으로 매매대금을 소유주인 남편 명의 통장으로 보냈기에 거래를 취소하지 않아도 되었고 매수인은 무사할 수 있었다. 그러나 지인은 남편으로부터 호되게 당해야 했다. 실랑이 끝에 합의를 보았으나 생애 첫 거래에서 금전적인 손해를 입었다. 확인 절차를 거치지 않은 채 그 여성만 믿고 계약을 진행했던 지인은 결국 사무소를 폐업하고 말았다.

공인중개사가 부동산 소유주인 남편에게 전화 한 통만 했다면 어땠을까? 거래 당사자인 부동산 소유주를 확인하는 것은 기본 중의 기본이다. 인감이 찍힌 위임장이 있어도 반드시 소유주에게 직접

연락해서 매도 의사를 확인해야 한다. 기본일수록 '설마 이게 틀리겠어'라고 생각하면서 흘려보내기 쉽다. 기본부터 잘 챙겨야 안전하고 뒤탈 없이 계약할 수 있다.

요즘에는 부동산거래전자계약시스템(irts.molit.go.kr)이 있다. 공동인증, 전자서명, 부인방지 기술을 적용해 종이와 인감 없이 온라인 서명만으로 부동산 계약을 체결하고 실거래가 신고와 확정일자를 부여받을 수 있도록 국토교통부에서 만든 시스템이다. 주택 임대 계약을 할 때는 확정일자, 매매 계약을 할 때는 부동산 실거래가 신고가 자동으로 처리되어 편리하다. 건축물대장이나 토지대장 등의 문서를 따로 뗄 필요가 없다는 것도 장점이다.

부동산거래전자계약시스템을 이용하면 대출금리 우대 혜택을 받을 수 있다. 농협, 신한, 국민, 전북, 하나, 우리 은행 등에서 주택구입자금대출이나 전세자금대출을 신청할 때 금리 인하가 가능하다. 아직 사람들에게 낯선 시스템으로 활성화되지는 않았으나, 앞으로는 점차 대중화될 것으로 기대된다.

달콤해 보일수록 조심하는 분별력을 가지기

친하게 지내는 교수로부터 친구를 도와달라는 부탁을 받았다.

"나랑 아주 친한 친구인데 부동산에 대해 묻기에 김 교수님한테 물어보라고 연락처를 알려줬어요. 곧 전화할 테니 잘 살펴주세요."

전화를 끊자마자 바로 전화가 왔다.

그는 경매 컨설팅을 하는 지인에게 물건을 소개받아 경매에 응찰해서 낙찰을 받았다고 한다. 흔히 찾아볼 수 없는 독특한 물건이라 투자 가치가 상당하니 꼭 매입하라고 권했다는 것이었다. 수도권에 있는 부동산으로 하나의 사건번호에 물건번호가 7개인 상가 건물이었다. 7개의 전체 감정가는 71억 4천만 원이었고, 두 번 유찰되어 3차에서 입찰보증금 5억 7천만 원을 내고, 약 72%인 51억 원에 7개를 모두 낙찰받은 것이다.

낙찰받은 순간 뭔가 잘못되었음을 눈치챘다고 한다. 경쟁자가 아무도 없었던 데다 방청하는 사람들이 수군거리는 말이 들려왔다. 그러나 때는 이미 늦었고 수습하고자 나에게까지 연락한 것이다. 해결 방법은 없었다. 아무리 컨설팅 회사 지인이 사탕발림을 했더라도 경매에 응찰하기 전날 그 물건지에 직접 방문해서 브리핑을 받고 확인한 다음에 스스로 응찰했으니 말이다. 그래도 혹시나 싶어 법무사와 상담하고 이의신청을 했지만 기각당하고 말았다.

해당 건물을 직접 가보았다. '정말이지 이건 아니네' 하는 생각이 들었다. 정리된 구획지의 중앙에 위치한 2층 건물이었는데, 마치 도심 속의 섬 같았다. 주변에 8차선, 6차선 등 큰 도로가 있고 차들이 거침없이 쌩쌩 달렸다. 도로 건너편의 아파트 단지들이 까마득히 보일 정도로 도로 폭이 넓어서 한 번에 건너기 부담스럽고 횡단보도도 멀리 떨어져 있었다. 한마디로 말해 사람들이 접근하기가 쉽지 않아 보였다.

해당 건물의 모습도 문제였다. 얼마나 부실공사를 했는지 연못

인가 싶을 만큼 물이 차 있는 호실도 있었고, 벽에 붙인 타일은 불룩 튀어나와 건드리면 금방이라도 우수수 떨어질 것 같았다. 곳곳에 흙과 풀, 곰팡이로 얼룩져 있었다. 그나마 공사를 진행하다가 중단된 상태로 다시 시작해서 완공하려면 많은 비용이 들 것 같았다. 20억 원을 싸게 샀다고 해도 20억 원 이상을 더 투자해야 제대로 된 건물로 만들 수 있을 것 같았다. 안타깝지만 매입하지 않는 게 최선이었다.

내 의견을 들은 낙찰자는 크게 낙심했다. 그러고는 그 물건을 추천한 컨설팅 회사 대표한테 해결해줄 것을 종용했는데 모르쇠로 일관하는 것이었다.

"무슨 소리예요. 그 물건이 너무 좋아서 내가 하려다 특별히 소개해준 거라고요. 저는 컨설팅 비용 2억 원만 받겠습니다."

결국 낙찰을 포기하고 경매 보증금을 몰취당했다. 그 물건은 다시 경매가 진행 중이다.

특별하고 이색적이고 신기한 투자법은 거의 불법적이고 성공 가능성이 희박하다. 물건이 좋다는 설명을 들을 때는 세상에 다시없는 기회로 느껴질 수 있다. 그럴 때일수록 한 걸음 물러서서 객관적인 시선으로 보아야 한다. 협잡꾼이나 기획부동산의 현혹에 넘어가지 말고, 내가 배우고 익히고 내 지식으로 나만의 투자법을 만들어야 성공한 부동산 투자의 길로 들어설 수 있다.

하자 있는 토지로 투잡러가 되다

어느 책에서 봤는지 기억나지는 않지만 마음속에 깊이 자리 잡은 이야기가 있다.

한 화교의 집 앞을 매일 아침 정해진 시간에 지나가는 트럭이 있었다. 트럭에는 늘 목재들이 산더미처럼 쌓여 있었다. 그런데 그 집 앞 도로는 울퉁불퉁한 비포장도로였다. 트럭은 종종 덜컹거리다가 목재들을 조금씩 떨어뜨리곤 했다. 화교는 매일 아침 그 트럭이 지나가기를 기다렸다가 떨어진 목재들을 줍기 시작했다. 그 일을 15년 동안 지속하여 마침내 커다란 목재상의 사장이 되었다고 한다. 그야말로 티끌 모아 태산이고, 꾸준히 하면 뭐든 이룰 수 있다는 교훈을 준다.

백세 시대를 맞아 신체 수명은 길어졌으나 직업 수명은 짧아지면서 너도 나도 투잡을 고민하고 있다. 지금 직장인이든 자기 사업을 하고 있든 간에 늘어난 수명에 대비할 방법을 찾아야 한다. 하루에 단 1시간이라도 미래를 대비하기 위한 시간 투자를 해야 한다. 작은 시간들이 모여서 나중에 미래의 삶을 밝혀주는 등불이 될 수 있다.

미래를 대비하기 위한 내 습관은 경·공매 물건 검색이다. 말 그대로 하루도 거르지 않는다. 검색하다 보면 '이 물건은 어떤 용도로 사용해야겠구나' 하는 생각이 든다. 주변의 누군가에게 추천할 만한 부동산이다 싶으면 망설이지 않고 당사자에게 보여주는 편이다. 가볍게 소개해주고 선택은 그 사람에게 맡긴다.

소개할 때마다 빼놓지 않고 하는 말은, 미래를 대비하기 위해 부동산 투자를 하라는 것이다. 내 권유를 받고 일찍부터 부동산 투자를 시작해서 안정적인 삶을 꾸려가는 이들이 있다. 더 많은 사람들이 그들처럼 여유를 즐겼으면 하는 바람이다.

계속 유찰되는 캠핑장 앞 토지 활용법

나는 사람들이 별로 관심을 두지 않는 지방의 토지를 유심히 보는 편이다. 어느 날은 전라도의 한 마을 어귀에 있는 토지가 눈에 띄었다. 그 지역은 토지 매매 자체가 없는 전형적인 산촌이었다. 내가 발견한 것은 마을 뒤편의 자동차 캠핑장 앞에 있는 토지였다. 제법 규모가 컸지만 몇 가구 되지 않은 마을이어서인지 계속 유찰되었다. 내 눈에는 그 토지가 가격 대비 괜찮은 투자처로 보였다.

부동산 강의 때 수강생들에게 해당 토지를 소개해주고 어떻게 활용하면 좋을지 논의해보았다. 수강생들은 고개를 갸웃하며 주민이 많지 않은 마을의 토지를 사도 되는지 고민했다. 게다가 캠핑장 앞이니 제약이 더 많을 거라고 생각했다. 내가 왜 이 토지가 괜찮다고 하는지를 쉽게 이해하지 못하는 것이었다. 자동차 캠핑장은 규모가 꽤 큰 데다 코로나로 인해 캠핑이 더 활성화될 것이고, 코로나가 끝나도 여가를 즐기는 문화는 계속될 것이라는 점을 감안해서 투자를 생각해보라고 했다.

그렇다면 해당 토지를 어떻게 활용하면 좋을까? 그 마을에서 생산되는 토산품이나 농산물판매점, 식당, 캠핑장에서 필요한 물품판매점, 소매점 등을 만들 수 있다. 펜션도 가능하다. 물론 평일에는 이용하는 사람이 많지 않을 것이다. 그래서 직장인이 투잡을 하기에 적절한 곳이다. 주말이나 휴일을 이용해 소액으로 사업을 할 수 있는 토지다. 평일에는 사업할 수 없다는 단점이, 직장인에게는 장점이 될 수 있다. 그렇게 활성화한 뒤에 가치를 높여서 되팔아도 괜찮다.

이런 식으로 경매 물건을 볼 때마다 어떻게 활용하면 좋을지를 생각해보자. 시세보다 값이 쌀까, 내가 살 수 있을까, 대출을 얼마나 받아야 할까, 이런 것들 외에도 어떻게 활용할 수 있는지 사업 아이템을 고민해보는 것이다. 우리는 대체로 고정관념이 많고 그것이 투자로 향하는 길을 가로막곤 한다. 물건을 분석하면서 발상의 전환을 하다 보면 좋은 아이디어를 떠올릴 수 있다. 생각을 조금만 바꿔도 안 보였던 길이 보인다.

10년 넘게 모은 예금으로 창고업을 시작하다

강의를 하다 보니 많은 사람들을 만난다. 모두 소중한 인연인데, 그중 학생 때부터 오랫동안 좋은 관계를 맺고 있는 2명이 있다.

먼저 A는 늘 눈빛을 빛내면서 진취적인 태도로 수업에 임했다. 직장 생활을 하다가 나중에 개인 사업을 시작해 특유의 근면함으로 건실하게 잘 꾸려나갔다. 어느 날 그가 나에게 부동산에 대한 상담을 청했다. 10년 조금 넘게 사업을 하면서 번 돈을 은행에 예금해왔는데, 계속 놔둬야 할지 투자를 해야 할지 고민이라는 것이었다. 내 수업을 들으면서 "현금은 유동성은 있지만 인플레이션 헤지가 되지 않아서 은행에 오래 둘수록 손해"라는 것을 깨달았다고 한다. 하지만 투자에 너무 문외한이라 선뜻 하기가 걱정스럽다는 것이었다.

"유동성 있는 사업을 하고 싶은데 프랜차이즈 음식점이나 카페는 어떨까요?"

"저라면 안 할 거 같아요."

반대하는 이유를 묻는 그에게 현재 사업을 하면서 가장 많이 겪는 애로 사항이 뭐냐고 물었다. 그는 직원과 거래처 등을 포함한 인간관계가 가장 힘들다고 했다.

"맞아요. 그런데 자기 사업을 하면서 한편으로 음식업이나 카페를 할 수 있을까요? 내 사업인데 거의 남에게 맡기는 방식으로요? 그건 안 되죠. 남이 내 마음과 똑같이 운영해줄 수는 없어요."

나는 그 대신 부동산 투자를 권하면서 부동산 스스로가 나를 위해 열심히 일한다고 말했다.

"그럼 부동산 중에서 뭘 하면 될까요? 아파트는 요즘 너무 많이 올라서요."

"부동산에 아파트만 있나요. 창고업을 한번 생각해보세요."

좀 더 깊은 대화를 나누다 보니 그가 마침 창고를 하나 가지고 있다는 것이었다. 지인이 자기 회사 근처에 창고가 필요한데 해보는 게 어떻겠냐고 권하기에 토지를 하나 사서 창고를 지어 임대하고 있다는 것이다. 나는 그에게 은행 예금에 넣어둔 현금으로 좀 더 토지를 확보해서 창고를 확장하라고 권했다. 그는 내 의견을 따랐고 한 달에 500만 원 남짓이었던 임대료는 1,200만 원으로 늘어났다.

창고업을 추천하는 이유는 다른 사업과 달리 초기 사업비용과 유지관리비 부담이 상대적으로 크지 않기 때문이다. 물론 작은 토지로 할 수 없다는 단점이 있지만, 일단 토지를 확보하고 창고를 짓고 나면 인건비나 시설비 등의 추가 비용이 많지 않아 꾸준히 임대료를 받을 수 있다.

토지 가치 면에서도 괜찮다. 창고업을 하기 위해서는 도로에 접해 있고 도로 폭이 넓은 토지가 좋다. 이런 곳에는 인근에 공장이나 사업체와 더불어 유동인구도 있다. 앞으로 오프라인보다 온라인 상거래가 더욱 활성화되기 때문에 창고업의 전망은 밝다고 할 수 있다.

창고업을 하는 또 한 명은 오래전 석사 과정에서 만났던 학생 B다. 나와 대화를 나누다 보면 앞으로 자기가 어떻게 살아야 하는지 생각하게 되고, 투자에 대한 아이디어도 떠오른다고 한다. 원래 그는 공무원 신분이라 투잡을 할 수 없다. 그러나 공무원도 할 수 있는 것으로 창고업을 추천했다. 그때부터 집 주변의 토지를 매입하고 창고를 지어 임대업을 시작했다. 현재 한 달에 300만 원의 임대수익이 들어온다며 흡족해하고 있다.

1가구 2주택을 피하는 투자법

이처럼 현재 하고 있는 일에 지장을 주지 않으면서 수익을 거둘 수 있는 투자 통로를 만드는 것이 중요하다. 이때 고려해야 할 것은 본업에 영향을 주어서는 안 된다는 것이다. 나의 수익 통로를 최대한 다양하게 만들어야 하는데, 투잡이 잘된다고 해서 본업을 때려치우면 통로 하나가 줄어드는 것이다.

본업은 매달 고정적인 수익을 가져다주므로 최대한 오랫동안 유지하는 것이 좋다. 본업에 영향을 거의 미치지 않으면서도 직접 운영할 수 있는 투잡이 바람직하다. 그래서 나는 창고업이나 주말 관광객을 상대하는 사업(펜션, 에어비앤비, 소매점 등)을 추천한다.

창고업까지 할 만한 여력이 되지 않는다면 어떤 부동산을 찾아보면 좋을까? 이런 경우 경·공매에 나온 빌라 중에 큰 도로에 붙어 있거나 사람들이 많이 다니는 길목에 위치한 빌라의 1층을 주목하라고 말한다. 요즘 새로 짓는 빌라들은 거의 필로티 구조인데 가끔 1층 일부에 상가를 만드는 경우가 있다. 1층 중앙에 계단실(엘리베이티)을 두고 한쪽은 주차장, 다른 한쪽은 빌라 혹은 상가를 두는 구조이다. 1층이지만 'B101호'로 표기되는데, 건폐율과 용적률 때문이다. 지하로 준공허가를 받고 주거용이 아닌 '근린생활시설'로 허가가 나 있는 경우가 많다(근린생활시설로 허가가 나 있지 않더라도 변경할 수 있다).

이런 상가를 분양받아 근린생활시설로 변경한 다음 미용실이나 세탁소, 부동산중개소 등으로 임대를 놓으면 어떨까? 1가구 1주택 부담도 덜 수 있고 경락잔금 대출을 이용한다면 투자금의 20~30% 정도만 있어도 도전해볼 만하다. 월세로 임대를 놓는다면 많지 않은 돈이라도 꾸준한 임대소득이 발생하고, 전세로 임대한다면 대출금 상환이 수월하고 나중에 매도해서 시세차익을 얻을 수도 있다. 지은 지 오래되지 않고 유동인구가 많은 빌라 1층 상가들을 꾸준히 눈여겨볼 것을 권한다.

19세기 영국을 대표하는 역사가이자 비평가인 토머스 칼라일은 "목표가 없는 사람은 평탄한 길에서조차 앞으로 걸어가지 않는다. 목표가 분명한 사람은 험한 산길에서도 힘차게 앞으로 나아간다"라고 했다. 목표가 있는 사람과 없는 사람의 미래가 어떨지는 누구나 알 수 있을 것이다.

지금보다 경제적으로 더욱 발전하고 싶고, 미래에 평온하고 안락하게 살기를 꿈꾼다면 바로 지금부터 노력하자. 변화를 위해 시간이 많이 필요한 것은 아니다. 현재의 생활에서 매일 조금만 할애해 '가랑비에 옷 젖듯이' 습관을 만들면 된다.

전망 좋은 강변 카페, 이것부터 확인하자

날씨가 좋은 날 혹은 비 오는 날 커다란 창 너머로 강을 바라보며 차 한잔을 마시는 것만큼 운치 있는 일도 없다. 사람들이 워낙 강 조망을 좋아해서 강변을 끼고 있는 부동산은 조망권 때문에 어마어마한 가격이 붙기도 한다.

경치 좋은 곳에 카페나 근린생활시설 용도의 건물을 하나 소유한다면 대대손손 먹고살 수 있을 거라는 마음으로 투자하는 사람들이 있다. 그러나 로망만으로 투자처를 고른다면 엉뚱한 문제에 발목을 잡힐 수 있으니 주의해야 한다.

어느 날 서울과 인접한 지역의 남한강변에 있는 카페의 사장님이 연락을 해왔다. 일면식도 없는 데다 유명한 카페를 소유한 분이 왜 나를 만나자고 하는지 무척 궁금했다. 이유를 묻자 현재 난처한 상황에 놓여 도움을 받고 싶다는 것이었다.

'경치 좋은 곳'과 '사업할 수 있는 곳'은 별개이다

그분이 운영하는 카페는 내가 20대였을 때부터 유명한 곳이었다. 노천카페로 시작했는데 서울에서 가까워 더욱 인기가 있었다. 우리나라가 초고속 성장을 하던 시절 개인의 경제 사정도 좋아지면서 누구나 자가용을 한 대씩 가질 수 있었다. 주말이나 저녁에는 야외로 드라이브를 나가는 것이 일상화되면서 도심 인근의 카페에 사람들이 몰렸다. 그 카페 역시 그런 유행의 바람을 타고 성장했다.

그분은 자기 카페를 100년 기업으로 키우고 싶었는데 그러지 못할 것 같다며 안타까워했다. 그분이 운영하는 카페의 영업허가가 취소된 상황이었다.

카페는 수변구역 내에 위치하고 있었다. 수변구역이란 상수원의 수질을 보호하기 위해 환경부가 지정, 고시한 지역을 말한다. 금강수계, 낙동강수계, 영산강·섬진강 수계, 한강수계 등이 있다. 수변구역으로 지정된 곳에서는 공장, 축사, 음식점, 숙박시설, 주택 등 오염물질 대량 배출 시설을 신설할 수 없다. 기존 시설에 대한 오수 배출 기준도 강화된다(《시사상식사전》, 박문각). 수변구역 토지들은 경치가 좋아서 사람들이 좋아하는 편이다. 집을 짓거나 카페를 만들어도 좋을 거라고 생각하는데, 수변구역 특성상 매입 시 주의해야 한다.

수변구역에 대해서는 지자체마다 적용하는 법과 규정이 다르다. 특히 수도권의 상수원보호구역은 서울에서 가까울수록 더 조심하고 꼼꼼히 살펴봐야 한다. 현존하고 있는 강변의 근린생활시설들은 과거에 근린생활시설로 허가가 난 것이 많다. 예전에는 무작위로 허가를 내주었다면 지금은 환경을 고려해서 제한적이거나 아예 허가를 내주지 않는다.

수변구역에서 제외되는 지역

수변구역의 지정 대상 지역이더라도 불필요한 중복 규제로 인한 주민 피해 최소화 등을 위하여 다음에 해당하는 지역은 해당 수계의 여건을 고려하여 수변구역에서 제외한다.

－상수원보호구역, 개발제한구역, 군사기지 및 군사시설 보호구역, 하수처리구역, 도시지역, 지구단위계획구역(주거형에 한정), 일정 호수 이상으로 자연마을이 형성되어 있는 지역

출처 : 토지이음 용어사전

이를테면 수변구역이라 해도 기존에 하수처리시설이 갖춰진 구역이라면 수변구역에서 제외되어 카페를 만들 수 있다. 그러나 이러한 제외 지역이 아닌 수변구역에서 신규로 영업시설을 설치하는 것은 원칙적으로 금지된다.

강변 카페가 비어 있는 이유?

카페의 영업허가가 취소된 이유는 무엇일까? 사업자가 바뀌었기

때문이다. 임대사업자에게 세를 주었던 카페를 자신이 영업하려다 그렇게 된 것이다. 지자체마다 수변구역 내 상업시설의 영업허가에 대한 규정이 다른데, 이곳의 경우 과거 영업허가를 받았던 사업자만이 영업을 계속할 수 있다. 해당 카페를 팔거나 혹은 더 이상 임차하지 않는 등으로 인해 영업허가를 취소하거나 반납하면 다른 사람은 허가를 낼 수 없다.

수변구역 토지 혹은 카페가 너무 마음에 든다고 매수했다가 자칫 아무것도 못할 수 있다. 그런 내용을 확인하지 않고 덥석 매입하면 매수인은 진퇴양난에 빠지게 된다. 대부분의 부동산 매매계약서에 '현 상황의 매매 계약임'이라는 특약사항이 기재돼 있으므로, 매도인이나 공인중개사가 속였다고 항의해도 법적으로 이기기 쉽지 않다.

따라서 매입하고 싶은 물건이 있다면 토지이음 사이트에서 토지이용계획확인원을 열람해서 수변구역 여부를 확인하고, 건축설계사무소나 토목설계회사, 지자체에 미리 문의해야 한다. 매수했는데 영업허가가 나지 않으면 그 책임은 오롯이 매수자가 진다.

수변구역 내에서 카페를 하겠다고 건축물을 매입하는 경우 건축물대장에 기입된 용도가 '일반음식점'인지도 반드시 확인해야 한다. 전국의 수변구역 내 카페나 음식점 중에 주인이 바뀐 후 영업 승계가 되지 않아 '본의 아니게' 무허가로 사업하는 곳들이 제법 있다. 몇 년 전 남양주의 북한강, 남한강변의 음식점들이 무허가로 철퇴를 맞은 것도 같은 맥락이다.

호숫가나 강변에 신규로 카페나 음식점을 할 수 있다 하더라도 꼭 고려해야 할 점이 있다. 손님이 아닌 사업자의 마인드로 매물을 골라야 한다. 손님이라면 그저 경치가 좋은 곳, 인테리어가 잘되어 있는 곳에 호감을 가질 것이다. 그러나 사업자라면 꾸준히 수익이 잘 나올 수 있는 곳을 골라야 한다.

강변이나 호숫가 인근의 음식점과 카페의 단점은 평일 낮에 손님이 많지 않고 밤에는 일찍 손님이 끊긴다는 점이다. 강과 호수를 조망할 수 있다는 장점 때문에 토지 가격이 주변 시세보다 높아 투자 대비 수익률이 떨어질 수 있는 것이다. 무작정 풍경 좋은 곳에 으리으리한 카페나 음식점을 내려고 하기보다 고객이 꾸준히 왕래할 수 있는 곳을 찾아야 한다. 평일 오전과 오후, 밤 시간대에 고객이 얼마나 될지, 주말에는 고객이 어느 정도 올지를 모두 따져보고 매물을 선정해야 한다. 토지를 잘 고르는 것은 향후 사업 매출과도 직결된다.

모두가 피하는 토지에서 수익을 거두다

부동산 시장에서 사람들이 기피하는 물건이 있다. 맹지와 더불어 잘 접근하지 않는 분묘기지권, 유치권, 송전탑, 축사가 표시된 토지들이다. 사람들은 이런 내용의 빨간 글씨만 보면 제대로 살펴보지도 않고 넘겨버린다.

고수와 아마추어의 차이가 여기에 있다. 모든 사람들이 사고 싶어 하는 물건이 아니라 잘 쳐다보지 않는 물건에서 가치 창출을 해야 투자 대비 높은 수익을 낼 수 있다. 대부분의 사람들이 놓치는 것이 바로 이런 물건들이고, 그래서 남들이 하는 투자만 따라 하게 된다.

나는 사람들이 기피하는 물건들을 경·공매로 낙찰받아 좋은 수익률을 올렸다. 여기에 그 방법을 공유하고자 한다. 사람들이 기피하는 데는 다 이유가 있으므로 섣불리 접근하기보다 물건의 장단점을 정확하게 파악하고 그에 맞는 활용법을 찾아낸다면 충분히 도전해볼 만하다.

양지바른 묘지는 명당이다

묘지가 있거나 묘지에 인접한 토지는 사람들의 기피 대상이다. 그러나 나는 묘지를 '조용한 이웃'이라고 생각한다. '묘지'라는 것도 죽은 이가 사는 주택일 뿐이다. 묘지에 대한 무서움이나 두려움이 없어서 묘지 주변의 토지를 선호하는 편이다. 투자 원칙은 시세보다 저렴하게 사서 가치를 높여 파는 것이다. 묘지 때문에 저평가된 토지를 사서 가치를 높여 팔 수 있다면 투자의 원칙에 충실한 것이다.

따지고 보면 묘지가 있는 토지가 좋은 토지이다. 예부터 묘지는 양지바른 곳에 쓴다고 한다. 조상을 가장 좋은 자리에 모시기 위해 풍수지리상으로 좋은 곳에 묏자리를 썼다. 양지바른 곳은 빛이 잘 들어온다는 의미다. 수맥이 흐르지 않아 땅속 물길로 인해 문제가 생길 염려도 없고, 방향이나 조망도 좋을 수밖에 없다. 묘지가 있거나 묘지에 인접한 토지를 그 자체만으로 평가하면 괜찮은 곳이 꽤 있다.

나는 묘지가 있는 토지를 거래해본 경험이 몇 번 있다. 뒤쪽에 야산이 있는 주택을 지나다닐 때마다 아늑해 보여서 좋다고 생각했는데 마침 경매에 나왔기에 낙찰받았다. 평소 사고 싶었던 집이라 임장도 가지 않았다. 낙찰을 받고 여름에 이사하고 가을이 깊어갈 무렵 야산에 무엇이 있는지 알게 되었다. 낙엽이 떨어지면서 야산에 대거 모여 있던 어느 문중의 묘가 드러났던 것이다. 그 야산은 해당 문중의 임야였다.

집에서 공동묘지가 훤히 보이니 어머니는 저녁 무렵부터 엄청 무서워하시면서 커튼을 모두 치고 문도 열어놓지 못하셨다.

"어디 살 집이 없어서 공동묘지 앞에다 샀어? 묘지기 할 거냐?"

우리 가족이 처음으로 시골살이를 할 때여서 지역의 텃세가 심했다. 몇 년 후 문중의 총무라는 사람이 나를 찾아왔다. 문중의 산을 개발하려 하는데, 도로를 낼 수 있도록 도로사용승낙을 해달라는 것이었다. 나는 "내 집의 처마까지 차가 다니는 것은 싫으니 내 집을 사세요. 사서 길을 내고 다시 팔면 되잖아요?"라고 제안했다. 문중에서는 여러 해 동안 고민하다가 내 집을 사겠다는 의사를 밝혔고, 결국 좋은 가격에 매도할 수 있었다.

나는 주택을 팔고 나서 다른 토지를 매입했다. 옆에 묘지가 있어서 시세보다 가격이 싼 토지였다. 토지를 매입한 지 오래되지 않았을 때 묘지 주인인 고령의 어르신이 나를 찾아와 자기 토지를 사는 것이 어떠냐고 제안했다. 나이가 많아서 묘지를 관리하기 어렵고 맹지라서 팔고 싶다는 것이었다. 내 토지는 도로와 접해 있지만 어르신의 토지는 내 토지 뒤쪽이라 도로에서 떨어져 있었다. 어르신의 제안을 받아들여서 시세의 절반 가격에 토지를 매입했다.

위의 두 사례는 어찌 보면 묘지가 있었기에 거래가 가능했다고 할 수 있다. 문중은 묘지로 편하게 오갈 수 있는 도로를 확보하고 싶어 했고, 고령의 어르신은 자신이 더 이상 묘지를 관리할 수 없다고 판단해서 토지를 판 것이다.

하지만 묘지로 인해 어려움을 겪을 수도 있다. 묘지 주인이 분묘기지권을 주장할 때이다. 분묘기지권이란 타인의 토지에 있는 분묘에 대해 관습법상 인정되는 지상권에 유사한 물권을 말한다. 쉽게 말해 타인의 토지에 묘를 썼더라도 일정 요건을 충족했을 때 묘지가 그곳에 존재해도 된다는 것을 법적으로 인정해주는 것이다. 봉분 중앙을 중심으로 좌우 5미터씩 총 10미터까지 인정되므로 상당히 넓은 면적이 제한을 받는다(봉분 1기의 면적은 3평, 합장인 경우 4.5평까지 인정된다).

분묘기지권이 인정되는 경우

- 토지 소유자가 허락해서 분묘를 설치한 경우
- 토지 소유자가 허락하지 않았더라도 분묘를 설치하고 20년 동안 평온하고 공연하게 점유한 경우
- 자기 소유 토지에 분묘를 설치한 후 분묘에 대한 별도의 특약 없이 토지만을 처분한 경우

※외부에서 분묘의 존재를 인식할 수 있는 형태일 때 한하여 인정된다(봉분이 평평하거나 황폐화되어 외부에서 분묘라고 알아볼 수 없으면 인정되지 않는다).

※2001년 1월 13일 「장사 등에 관한 법률」 시행 이후 토지주 모르게 분묘를 설치하면 분묘기지권을 인정하지 않는다.

분묘기지권은 토지주에게 불리한 권리이므로 이를 둘러싼 분쟁이 끊이지 않는다. 과거에는 분묘를 존중하는 차원에서 묘지 주인에게 유리한 법조항이었으나, 근래 들어서 토지주의 권리를 보호하

기 위한 장치들이 생겨났다. 묘지주에게 분묘기지권이 있다고 해도 토지주가 지료(토지사용료)를 청구하면 청구한 날로부터 지료를 지급해야 한다(2021. 4. 29. 선고2017다228007 대법원 전원합의체 판결). 2년 이상 지료를 미납하면 분묘기지권이 소멸되어 묘지를 철거할 수 있다. 묘지주는 토지주의 지료 청구가 부담스러워서 묘의 이장을 결정하기도 하므로 잘 협상하는 것이 중요하다. 또한 2001년 1월 13일 이후에 토지주 몰래 설치된 분묘에는 분묘기지권을 인정해주지 않는데, 이것도 토지주에게는 반가운 변화이다.

묘지가 있는 토지를 매입할 때 고려해야 할 사항

- 묘지 주인과 토지주가 같은 토지 : 묘지에 대한 협의가 수월하므로 매입을 고려할 수 있다. 거래를 할 때 묘지 이장에 대해 협의해서 매매계약서 특약사항에 기재한다.
- 대규모 묘지에 인접한 토지 : 묘지를 돌보는 후손들 입장에서 지나다니는 길목의 토지라면 매입을 고려해도 된다. 나중에 묘지 후손들에게 토지를 팔 수 있다.
- 묘지가 1, 2기 정도 있는 토지 : 묘지를 돌보는 후손에게 이장을 권해본다. 단, 묘지 옮기는 비용을 과도하게 요구할 수 있으므로 주의한다.
- 분묘기지권이 성립하지 않는 토지 : 분묘기지권이 성립하지 않는다는 것을 입증할 수 있는 객관적 자료(사진 등)가 필요하다.
- 1973년 1월 1일 이전에 설치된 묘지가 있는 농지 : 이 경우 농지법상 농지로 인정되지 않는다.

묘지가 있다고 무조건 뒷걸음질칠 필요 없다. 과거에는 부모님이 돌아가시면 무조건 묘지를 썼다. 이제 세상이 바뀌어 자녀들에게 묘지 관리에 대한 부담을 지우지 않으려고 파묘해서 화장하고 납골당으로 모시는 경우가 많다. 또한 논밭이 있고 풍광 좋은 곳들도 도심으로 개발되는 추세여서 그런 환경에 묘를 덩그러니 두고 싶어 하지 않는다. 그러니 지금 눈앞의 묘지들이 영원히 존재할 거라고 장담할 수 없다. 토지 투자를 처음 시작하는 사람들에게 묘지 있는 토지를 권하지는 않는다. 하지만 몇 차례 거래 경험을 쌓았다면 위에서 설명한 사항들을 고려하면서 투자를 시도해보는 것도 좋다.

묘지가 있는 토지는 풍광이 좋고 토지의 형질도 괜찮은 편이므로 매입한 후에 '묘지'인 지목을 대지로 바꿔 집을 짓거나 굳이 지목을 변경하지 않고 농사를 지어도 된다.

묘지도 임대수익이 가능하다

경매 물건을 검색하다가 흥미로운 물건을 보게 되었다. 경남 남해 지역에 635제곱미터(약 192평)의 토지로 지목이 '전'인 농지였다. 감정가 2,550만 원에 20%씩 두 번 유찰되고 최저 금액이 1,600만원으로 세 번째 경매기일을 앞두고 있었다.

지도 검색을 해보니 남해의 남쪽 끝자락으로 인터넷 화면상에는 무언가 희끗희끗한 돌이 곳곳에 있었다. 로드뷰로 확인해보니 바위처럼 보이는 것은 묘지의 석물이었다. 공동묘지 수준의 토지를 지나 해안가 쪽에 있는 맹지였다. 괜찮겠다 싶어서 임장을 가보기로 마음먹었다.

현장을 직접 보면서 낙찰을 받는다면 묘지 자리로 매매하면 좋겠다는 생각이 들었다. 왜냐하면 해당 토지에 묘 1기와 주변에도 꽤 많은 묘가 이미 있었고 인근에 주차장까지 있으니 맹지라 하더라도 얼마든지 '묘'로 사용할 만했다. 최저 금액으로 낙찰받아서 1, 2기의 묏자리만 팔아도 투자 금액을 회수할 수 있었다.

낙찰금액을 3천만 원으로 쓰고 80%를 경락잔금 대출로 받는다면, 나머지 20%인 600만 원과 대출금 2,400만 원의 1년치 이자 100만 원 정도만 감당하면 된다. 1천만 원도 안 되는 비용을 들여서 좋은 수익률을 올릴 수 있는 것이다. 1,600만 원까지 떨어진 토지의 입찰가를 3천만 원으로 쓴 이유는 대출을 받기 위해서이다. 경매 낙찰가 혹은 감정평가가 3천만 원 이상인 물건은 경락잔금 대출을 받을 수 있다.

이 경매 물건을 수업 시간에 소개했는데 한 학생이 "누가 그 먼 데까지 가서 묘를 쓰겠어요?"라고 했다. 부동산 투자는 '나'를 중심으로 생각하면 안 된다. 사람들의 필요와 욕구는 모두 다른 법이다. 내 눈에 그저 그렇다고 남들도 마찬가지일 거라고 생각해서는 안 된다.

"서울이 아닌 남해에도 사람들이 많이 거주하고 있어요. 그곳 사람들도 묏자리를 필요로 하니까 그런 분에게 매매하면 됩니다."

내 설명에 학생은 멋쩍어하면서 죄송하다고 말했다.

이 토지는 농지라 경매에서 낙찰받는다 해도 일단 농지취득자격 증명을 받아야 한다. 농지를 등기하고 소유하기 위해서는 시장, 군 수, 구청장, 읍·면장에게 농지취득자격증명서를 발급받아야 하는 데, 그 토지에 1개의 묘지가 있었다. 농지취득자격증명을 발급받으 려면 원칙적으로 묘지를 농지로 원상 복구해야 한다. 그런데 묘지 로 이용되고 있는 부분이 극히 일부여서 농사에 지장이 없다면 예 외적으로 지자체 담당 공무원의 판단에 따라 농지취득자격증명서 를 발급받을 수 있다. 농지에 묘지가 있다면 매수하기 전이나 낙찰 받기 전에 꼭 담당 공무원에게 확인을 받거나 농지취득자격증명을 먼저 신청한다.

해당 경매 물건은 미리 면사무소에 전화를 걸어 묘지를 제외하고 농사를 짓겠다고 하니 농지취득자격증명을 발급받을 수 있다고 했 다. 묘지가 감정평가에 좋지 않은 영향을 미쳐서 가치가 감소되어 주변 토지보다 가격이 저렴했다. 그러나 그 묘가 있기에 나머지 토 지도 묏자리로 매도할 수 있겠다고 생각했다.

농지에 묘가 있는 경우 묘 부분을 분할한 후 지목 변경을 신청해 서 묘지로 바꿀 수는 있으나 경매에서는 시간상 지목 변경이 어렵 다. 대부분 경락받은 날로부터 7일 이내에 농지취득자격증명을 제 출해야 하기 때문이다. 미제출 시에는 경매 입찰보증금을 반환받 지 못한다.

1973년 1월 1일 이전에 설치된 묘가 있는 농지를 매수할 경우에는 이미 농지로서의 자격을 상실했다고 보므로 농지취득자격증명을 발급받지 않고도 해당 농지를 취득할 수 있다. 농지취득자격이 필요하다면 묏자리를 제외한 나머지 토지에 대해서만 농지취득자격증명을 발급받을 수 있다는 점을 기억하자.

전철 노선에 붙은 자투리 토지, 공장부지로 변신

공장을 운영하고 있는 지인이 공장을 옮겨야 한다며 부지를 물색해달라고 부탁했다. 그가 원하는 부지의 첫 번째 조건은 직원들이 편리하게 출퇴근할 수 있는 교통 좋은 곳이다. 문제는 자금이 많지 않다는 것이었다. 물건의 가치와 가격은 비례한다. 조건이 좋을수록 비싸다는 것이다.

물건을 고르던 중 전철이 개설되면서 인근 토지가 모두 수용되고 남은 잔여 토지가 생각났다. 공장 부지로 적합하다 싶어서 토지의 용도를 확인했다. 다행히 계획관리지역의 토지로 공장 허가를 내는 데는 문제가 없었다. 계획관리지역이란 도시지역으로 편입이 예상되는 지역이거나 자연환경을 고려해 제한적인 이용, 개발을 하려는 지역을 말한다. 비도시지역 중 여타의 용도 지역에 비해 개발 가능 행위의 범위가 가장 넓어 토지개발을 할 경우 선호되는 지역이다.

그 토지의 한쪽 면은 전철 노선에 붙어 있고, 뒤편과 우측면은 임야에 접해 있으며, 좌측면은 마을로 이어지는 폭이 8미터 정도의 도로에 접해 있었다. 4차선 국도변에서 도보 3분 거리였고, 주변에는 버스 정거장과 도보 7분 거리에 전철역도 있었다. 다만 전철 노선에 붙어 있어서 전철이 지나갈 때마다 시끄럽다는 것과 전철 안에서 공장의 마당이 훤히 보인다는 것이 단점이었다.

지인에게 그 토지를 보여주자 전철 노선에 붙은 쓸모없는 토지라며 마음에 들어하지 않았다. 세상에 싸고 좋은 물건은 없다는 것을 상기시키며 비싸고 좋은 물건을 매수할지 아니면 쓸모없어 보여도 값싼 토지를 매수해서 가치를 올릴지 선택하라고 했다.

그는 며칠을 고민한 끝에 토지를 매입해 산지전용허가를 받아서 공장을 짓고, 지목을 임야에서 공장용지로 변경했다. 아무도 거들떠보지 않던 자투리 토지가 새로운 삶을 시작한 것이다. 부동산 투자를 할수록 필요 없는 토지는 없다는 생각이 든다. 저평가되는 토지가 있다면 그 토지의 가치를 올려줄 사람을 만나지 못했을 뿐이다.

유치권이 붙었다면 허위 여부를 확인할 것

유치권이 있는 토지가 경매에 나올 때가 있다. 유치권이란 타인의 물건이나 유가증권을 점유한 자가 그 물건 혹은 유가증권에 관해 발생한 채권을 변제받을 때까지 그것을 유치(留置, 남의 물건을 맡아두는 것)하는 권리를 말한다. 유치권자는 채권을 변제받을 때까지 목적물을 점유하면서 인도를 거절할 수 있다. 예를 들어 건축업자가 건물을 지었는데, 건축주가 건축비용을 지급하지 않으면 건물에 유치권을 행사할 수 있다.

유치권 성립 조건

• 채권자가 타인의 물건 혹은 유가증권을 점유한 상태여야 한다.
• 채권이 물건 혹은 유가증권과 관련해서 발생한 것이어야 한다.
• 경매기입등기 전에 점유해야 하며, 점유가 불법적이지 않아야 한다.
• 채권의 변제기가 된 상태여야 한다.

우리나라에서 유치권이 붙은 경매 물건 중에서 진정한 유치권은 10~20% 정도밖에 되지 않는다. 80~90%는 유치권이 성립되지 않는다는 뜻이다(허위유치권). 유치권이 붙어 있으면 복잡한 권리관계 때문에 경매 응찰자가 많지 않다. 그런 만큼 잘 가려내면 좋은 물건을 시세보다 저렴하게 낙찰받을 수 있다. 단, 유치권이 붙은 토지는 유치권에 해당하는 금액만큼 입찰 가격을 낮춰서 입찰하는 것이 좋다. 유치권이 허위라 해도 경락잔금 대출을 꺼리는 은행이 있으므로 미리 꼼꼼하게 알아봐야 한다.

거제의 눈물? 거제의 환희!

'말뫼의 눈물'이라는 이야기가 있다. 스웨덴 항구 도시 말뫼 지역에 있던 조선업체 코쿰스(Kockums)가 문을 닫으면서 대형 크레인을 매각하려고 내놓았는데, 2002년에 현대중공업이 해체 비용을 부담하는 조건으로 1달러에 사들였다. 해체된 크레인이 배에 실려서 떠나는 모습을 보면서 눈물을 흘리는 말뫼 주민들의 모습을 스웨덴 방송국에서 '말뫼의 눈물'이라는 제목으로 보도했다.

세계 조선 산업의 중심이 바뀌었다는 것을 상징적으로 보여주는 사건이었다. 이후 한국에서 말뫼의 눈물은 조선업계의 몰락을 상징하는 표현으로 사용되고 있다.

2019년 유럽 여행을 갔다가 스웨덴의 말뫼에 들른 적이 있다. 그동안 얼마나 변했을까 궁금했는데 상상 이상이었다. 말뫼와 덴마크의 코펜하겐을 잇는 다리가 개통되었고, 말뫼 대학교가 설립되었다. 이로 인해 일자리가 창출되었고, 사람들이 모여들면서 도시가 활기를 되찾았다. 도시 곳곳에 친환경 건축물이 세워졌고 주거, 문화, 교통시설이 개선되었다. 조선소가 있던 자리에 세워진 말뫼 대학의 기숙사를 견학하면서 신선한 충격을 받았다. 부동산과 관련한 일을 하고 가르치는 나로서는 한 지역이 어려움을 극복하고 이렇게 변화했다는 것이 놀라웠다. 스웨덴은 '말뫼의 눈물'에서 '말뫼의 기적'을 일으킨 것이다.

스웨덴에 조선 산업의 중심인 '말뫼'가 있었다면 우리나라에는 '거제'가 있다. 현대중공업과 함께 우리나라 3대 조선회사인 삼성중공업, 대우조선해양이 거제에 있다. 말뫼가 그랬듯이 우리나라 조선 산업도 쇠락의 길을 걸었던 때가 있었다. 조선업은 노동집약적 산업이므로 많은 인구가 몰려들었다. 그러나 거제의 조선업이 쇠락하면서 일자리가 줄어들었고 사람들이 떠나면서 부동산업계도 쇠락의 길을 걷게 된 것이다.

'일자리'는 부동산 투자 조건 중에서 첫째라고 할 만큼 중요하다. 일자리가 없다면 유동인구가 없고 인구 유입도 되지 않기 때문이다. 사람이 없는 곳에서 부동산 투자로 성공하는 것은 불가능하다.

거제의 조선업이 활황이었을 때 원룸 건물이 많이 건축되었다. 회사가 전체를 임대하여 기숙사로 쓰거나 근로자들이 개별적으로 구해서 사용했다. 조선업이 쇠퇴하자 이런 건물들이 직격탄을 맞았다. 수요가 없으니 헐값에 팔리거나 경매시장에 나왔다. 몇 번의 유찰을 거듭한 끝에 건축비도 되지 않는 헐값에 낙찰되곤 했다.

제반 시설이 잘 갖춰진 공업도시를 국가가 방치하는 듯한 생각에 안타까운 한편으로 거제도 말뫼처럼 분명히 되살아날 것이라는 믿음이 생겨났다. 그래서 거제의 원룸 건물을 경매로 낙찰받아 몇 년 동안 100% 임대가 되지 않더라도 대출이자만 감당할 정도로 저렴하게 임대를 놓고 버텨보라는 얘기를 수강생들에게 해주었다. 언젠가 '거제의 환희'가 찾아올 것이라고 굳게 믿으면서.

어느 날 연구원으로 일하는 제자가 전화를 해서 조선업이 되살아나고 있다는 소식을 전했다. 중국의 조선회사가 값싼 노동력과 정부의 적극적인 보조금에 힘입어 덤핑 전략으로 연간 수백 척씩 수주를 받으며 세계 선박 시장을 석권했다. 하지만 중국 배들이 연달아 문제를 일으키면서 '싼 게 비지떡'이라는 오명과 함께 선주들이 등을 돌리기 시작했다. 덕분에 우리나라 조선업의 수주량이 대폭 늘었다. 게다가 고부가가치 선박, 친환경 선박 등 경쟁력을 갖춘 선박들을 개발하고 납기일을 철저하게 지키면서 전 세계 선주들이 우리의 조선업을 다시 찾게 되었다.

조선업이 활기를 되찾으면서 거제에도 다시금 웃음꽃이 피고 있다. 부동산 시장도 침체기를 벗어나 응찰 수가 많아지고 낙찰가액이 높아지고 있다. 머지않아 과거의 영광 이상을 재현할 것이다.

부동산 투자를 하다 보면 이처럼 침체된 지역을 만날 때가 있다. 지역경제를 주도하는 산업이 무엇인지, 회생 가능성, 다른 산업이 뜰 수 있을지 등을 고려해 부동산의 가치를 가늠해보자. 거제는 일시적 침체라고 보았기에 저렴한 가격의 물건들을 경매로 낙찰받으라고 했던 것이다. 남들이 부정적으로 보더라도 중장기적인 시각으로 냉정하게 분석한다면 좋은 기회를 잡을 수 있다.

한 번의 쓰라림이 있기에 거제는 조선산업에만 목을 매서는 안 된다. 또다시 쓰라린 좌절을 겪지 않도록 국가와 지자체가 노력해야 한다. 해양관광 산업을 육성해서 지역경제를 일으키고, 아름다운 자원이 많으니 교통을 개선해서 관광상품 개발에 힘을 기울여야 한다. 여기에 IT, 에너지, 친환경 정책까지 접목한다면 더없이 훌륭한 거제가 될 것이다. 스웨덴의 말뫼보다 우리나라의 거제가 훨씬 더 아름다우니까 말이다.

계약서만 잘 써도 1가구 2주택 피할 수 있다

미국의 정치가 벤저민 프랭클린은 "제대로 준비하지 않는 것은 실패하기 위해 준비하는 것과 같다"라고 했다. 무슨 일을 하든 제대로 준비하는 것이 기본인데, 내가 살던 주택을 팔면서 미처 생각하지 못한 실수를 한 적이 있다.

대부분 토지 딸린 주택을 매도할 때 주택과 토지를 합친 금액으로 계약서를 작성한다. 300평의 토지에 50평의 주택을 5억 원에 매매하기로 했는데, 300평의 토지는 1번지가 '대지' 200평이고 2번지가 '전' 100평이어서 1, 2번지 주소를 계약서에 적고 매매대금을 5억 원으로 작성했다. 당시 주택과 토지를 함께 매매할 때 으레 이런 식의 계약서를 작성했기에 잘못된 방법이라는 것을 미처 알지 못했다.

주택과 토지, 세금 책정 방식이 다르다

토지가 붙은 전원주택, 즉 주택과 토지를 한 덩어리로 사용하지만 법적으로는 토지 따로 주택 따로 존재하는 것이다. 그래서 세금이 각각 부과된다. 나는 1가구 1주택자였고 해당 주택을 5년 이상 소유했으므로 양도소득세가 비과세였다. 그러나 토지는 비사업용이기에 비과세가 될 수 없다. 토지는 사업용과 비사업용으로 나뉜다. 사업용은 토지 용도에 맞게 사용하는 것이고, 비사업용은 용도에 맞지 않게 사용하는 것을 말한다.

그렇다면 내 경우에 매매계약서를 어떻게 써야 할까? 200평 주택의 매매가를 높게 써야 절세를 할 수 있다. 주택(대지+건물)과 농지를 같이 매매한다면 지목별로 매매 가격을 정해야 하는데, 당연히 농지보다는 대지가 비싸므로 주택이 있는 대지를 높게 산정해야 한다. 그런데 지목별로 매매가를 산정해야 한다는 것을 깜박하고 말았다. 법무사 사무실에서도 대지와 전을 똑같은 금액으로 산정해버린 것이다. 양도세 신고를 준비하면서 잘못된 매매가로 실거래가 신고가 되어 있음을 발견했다. 결국 잘못된 금액만큼 양도세를 더 내야 했다.

부동산 거래를 할 때는 세부적인 부분까지 잘 따져보아야 한다. 우리가 돈을 주고 사는 물건 중에서 가장 고가이고 거의 전 재산을 움직이는 거래인 만큼 신중하게 진행해야 한다. 강의를 할 때 사람들에게 거래할 때 조심해야 한다고 수차례 강조하면서도 정작 내 일에는 주의를 게을리하고 상황을 최대한 활용하지 못함으로써 경제적 손해를 입었다. 그 일을 계기로 계약 때마다 신경을 집중하겠다는 다짐을 했다.

이동식 주택이 1가구 2주택?

어느 날 친한 지인에게 연락이 왔다. 낙찰받은 부동산 때문에 1가구 2주택자가 되었다는 것이다. 몇 년 전 그는 경매로 지목이 '대지'인 나대지를 낙찰받았다. 서울에 주택을 소유하고 있던 그는 해당 토지에 연면적 20제곱미터(약 6평)의 이동식 주택인 농막(농사짓는 데 편리하도록 논밭 근처에 간단히 지은 집)을 가져다 놓고 주말마다 거기에 머물면서 여가 생활을 즐겼다. 5년이 지날 무렵 갑자기 배우자가 사망하면서 상속 문제를 처리하는 과정에서 자신이 1가구 2주택이라는 말을 듣게 되었다.

"무슨 말인가요? 저는 집이 한 채뿐입니다."

그는 황당해하면서 1가구 1주택이라고 주장했는데, 지자체 담당자는 몇 년 전에 경락받은 곳에 주택이 한 채 있는 것이 확인되었다면서 "지금까지 재산세도 내셨으면서 왜 모르는 척하세요?"라고 했다는 것이었다. 소유하고 있지도 않은 집에 대한 재산세까지 납부했다는 말을 듣고 나에게 도움을 청해왔다.

상황을 알아보니 그가 낙찰받은 토지에 가져다 둔 농막이 항공사진에서 주택으로 보였던 것이다. 주택 수 산정에서 이동식 주택도 주택으로 인정된다. 그는 자신이 가족과 함께 사는 주택이 한 채 있었고 이동식 주택도 소유하고 있었다. 그런데 6평 미만의 농막은 가설 건축물로서 주택 수에 포함되지 않는다. 지자체는 항공사진만 가지고 농막을 확인하고 재산세를 부과했던 것이다.

그는 지자체의 실수로 1가구 2주택자가 되었고 그동안 농막 앞으로 나온 재산세까지 착실하게 납부했다. 10만 원 남짓한 돈이어서 크게 신경 쓰지 않았던 것이다. 처음 재산세가 나왔을 때부터 이 사실을 알았다면 지자체에 연락해서 사실관계를 파악하고 정정하면 되었을 것이다.

그는 농막이 있는 지역의 지자체에 문의하여 자신의 농막이 6평 미만이라는 사실을 확인해주었고 서울 거주지의 해당 지자체에도 농막이 주택 수에 포함되지 않는다는 점을 통보해서 1가구 2주택을 벗어날 수 있었다. 그러나 처음 설치할 때 신고하지 않았다는 이유로 과태료를 물어야 했다.

지방에 토지를 매입하고 건축하기가 부담스럽다고 이동식 주택, 그중에서도 농막을 설치하는 사람들이 있다. 이동식 주택은 건축물을 짓는 것보다 비용이 저렴하므로 매일 거주할 목적이 아니라면 합리적인 선택이다. 다만 이동식 주택은 주택 수에 포함된다는 점, 농막의 경우 6평 미만은 주택 수로 인정되지 않으며 간단한 신고만으로 설치 가능하다는 점을 기억해야 한다. 6평을 초과하면 주택 수에 포함돼 취득세·등록세·재산세 등 세금 부과 대상이 되고 허가를 받아야 설치할 수 있다.

6평 정도 되는 농막을 설치하면서 데크나 테라스를 함께 설치하는 경우가 있다. 데크와 테라스 면적을 포함해서 6평을 넘기면 '신고'가 아닌 '허가'가 필요하다. 허가 없이 진행하면 불법이다. 전기시설, 화장실 등을 설치할 수 있는지도 지자체에 문의해서 잘 알아봐야 한다.

토지를 매입하고 주말에 여가를 즐기는 세컨드 하우스 개념으로 활용하고 싶다면 애써 6평 미만으로 맞추기보다 개발행위허가 및 건축허가를 받아서 제대로 설비를 갖춘 이동식 주택을 설치하는 것이 낫다.

악마는 특약사항에 있다

지인으로부터 자기 친척을 도와달라는 부탁을 받았다. 친척 K는 부동산에 관심이 많아서 지방의 부동산을 팔고 수도권에 위치한 부동산으로 갈아타려고 공부하던 중 최근 온비드에서 공매로 나온 부천의 빌라를 낙찰받았다고 한다. 물건번호를 달라고 해서 확인해보니 위치나 주변 시설은 괜찮아 보였다. 아파트보다 토지 지분율이 많아 금액 대비 투자 가치가 있는 빌라를 감정가 대비 50%에 낙찰받았으니 잘한 일이었다.

K는 마음이 급했는지 낙찰받은 공매 물건을 바로 계약했고(공매로 낙찰받으면 공매계약서를 쓴다. 경매는 낙찰받으면 계약된 것으로 본다), 나에게 잔금 대출을 도와달라고 했다. 그를 돕기 위해 여러 금융기관과 통화를 하다가 해당 물건이 경매와 중복된 상태라는 것을 알게 되었다. 공매로는 K가 낙찰받았지만 경매는 진행 중이었다. '중복되어도 먼저 잔금을 납부하면 끝이지' 하며 대수롭지 않게 생각했다. 그러면서 등기권리를 자세히 살펴보니 이 물건의 최초 근저

당권자는 지방에 소재한 새마을금고이고, 후순위로 대부업체가 적은 금액으로 설정 하나를 해두었다.

나중에 알아보니 소유자가 지방의 새마을금고에서 대출을 받았는데 이자를 연체해 부실채권 NPL(Non-Performing Loan, 금융기관이 빌려준 돈을 회수할 가능성이 없거나 어렵게 된 부실채권. 대개 대출 원리금 상환이 3개월 이상 연체된 것을 말한다)이 되어 있었다. 새마을금고는 더 이상 부실채권을 보유할 수 없어서 매각했고, 대부업체가 이를 산 다음 이자가 납부되지 않자 임의경매를 진행했다. 이와 별도로 소유자가 세금을 납부하지 않아서 공매도 진행되었던 것이다. 권리관계가 단순하지 않아 마무리가 될 때까지 잘 지켜봐야겠다고 생각했다.

절대 놓쳐서는 안 되는 등기부등본상 권리관계

잔금을 치르려고 신탁회사에 간 K가 나에게 전화를 걸었다. 선순위로 되어 있던 근저당의 부채를 매수인이 다 부담해야 한다는 말을 들었다는 것이다.

"무슨 말이에요?"

"제가 계약서를 쓰는 날 담당자가 이걸 왜 받으려고 하냐고 물었어요. 시세 대비 너무 싸게 나와서 낙찰받았다고 했는데….”

담당자는 계약서의 맨 끝을 보라고 알려주었다. 공매 당시에도 '입찰 주의'라는 표시와 함께 작은 글씨로 쓰여진 내용이었는데 눈도 침침하고 낙찰받았다는 기쁨에 겨워 미처 확인하지 못했던 것이다.

나는 얼른 계약서를 사진으로 찍어서 보내달라고 했다. 계약서에 특약사항이 기재돼 있었다. '등기부등본상 2012.00.00.일자 근저당권(채권최고금액 금 00,000,000원은 근저당권자 OOO새마을금고), 2015.00.00.일자 근저당권(채권최고금액 금 0,000,000원은 근저당권자 OOOO)이 있으며 매수자가 입찰 가격(대금)과는 별도의 비용으로 이 근저당을 승계하여 책임 처리하는 조건입니다'라고 쓰여 있었다.

낙찰자의 계약서를 보면 모든 채무를 책임져야 하는데, 채무를 모두 합친 금액이 시세가보다 비싸다면 낙찰받는 의미가 없다. 그러나 이제 와서 인수를 포기하면 입찰보증금을 몰취당할 수 있다. 너무나 중요한 사항을 놓치고 낙찰받은 것이다. 경·공매에 나온 물건을 낙찰받고 싶다면 권리관계 분석이 필수이고, 이를 위해 입찰에 관한 공지 사항과 등기부등본을 꼼꼼히 분석해야 한다. 그러나 그는 단지 가격만 보고 괜찮다고 판단한 것이다.

등기부등본을 어떻게 봐야 할까? 등기부등본 내용은 크게 표제부, 갑구, 을구로 나뉜다. 표제부에는 토지와 건물이 위치한 주소, 지목, 용도, 토지면적과 건물면적 등이 표기돼 있다. 건물은 대지권 비율을 확인해야 하는데, 1동 건물에서 해당 주택이 차지하는 지분을 표기하고 있으므로 계산해서 대지권이 어느 정도인지를 정확히 알아봐야 한다. 신축이라서, 인테리어가 좋아서 등등의 이유로 대지권이 적은 주택을 사지 않으려면 대지권 계산을 반드시 해야 한다.

갑구에는 해당 부동산의 소유권에 대한 내용이 기록돼 있다. 해당 부동산을 소유했던 사람들이 순차적으로 기록돼 있고 마지막 소유자가 현재 소유자인 것이다. 공동소유인 경우는 공유자와 지분이 함께 표기되어 있다. 부동산 매매나 전세권 계약을 할 때 당사자가 현재 소유자와 동일한지 반드시 확인해야 한다.

을구에는 소유권 외의 다른 권리 사항이 표기되어 있다. 해당 물건에 누가 근저당, 전세권, 지역권, 지상권 등을 설정했는지, 채권최고액이 얼마인지 등이 적혀 있다. 이 내용을 가장 주의해서 분석해야 한다. 매물 시세와 채권 부분을 따져보고 자신의 낙찰 가격

[토지] 제주특별자치도 서귀포시 남원읍 ▦▦▦ ▦▦-▦

【 표 제 부 】 (토지의 표시)					
표시번호	접 수	소 재 지 번	지 목	면 적	등기원인 및 기타사항
~~1~~ (전 2)	~~1995년11월14일~~	~~제주도 남제주군 남원읍~~ ▦▦▦-▦▦▦-▦▦	~~과수원~~	~~3632㎡~~	
					부동산등기법 제177조의 6 제1항의 규정에 의하여 2001년 03월 24일 전산이기
~~2~~		~~제주특별자치도 서귀포시~~ ~~남원읍~~ ▦▦-▦▦ ~~▦▦-▦▦~~	~~과수원~~	~~3632㎡~~	~~2006년7월1일~~ ~~행정구역명칭변경으로~~ ~~인하여~~ ~~2006년7월5일 등기~~
3	2009년3월3일	제주특별자치도 서귀포시 남원읍 ▦▦▦	과수원	3921㎡	면적변경

【 갑 구 】 (소유권에 관한 사항)				
순위번호	등 기 목 적	접 수	등 기 원 인	권리자 및 기타사항
1 (전 2)	소유권이전	1984년8월8일 제23100호	1974년11월5일 매매	소유자 ▦▦▦ ▦▦▦-▦▦▦ 서귀포시 ▦▦▦ ▦▦-▦ 법률 제3562호에 의하여 등기
				부동산등기법 제177조의 6 제1항의 규정에 의하여 2001년 03월 24일 전산이기
2	소유권이전	2018년4월10일 제19196호	2018년3월23일 매매	소유자 ▦▦▦ ▦▦▦▦▦-▦▦▦ 제주특별자치도 ▦▦▦ ▦▦▦ ▦ ▦▦, ▦▦▦ (▦▦▦ ▦▦▦▦▦▦▦) 매매목록 제2018-577호

【 을 　구 】	(소유권 이외의 권리에 관한 사항)			
순위번호	등 기 목 적	접　수	등 기 원 인	권리자 및 기타사항
~~1~~	~~근저당권설정~~	~~2002년4월6일~~ ~~제15809호~~	~~2002년4월4일~~ ~~설정계약~~	~~채권최고액　금30,000,000원~~ ~~채무자　▒▒▒~~ 　~~서귀포시 ▒▒▒▒ ▒▒▒~~ ~~근저당권자　서귀포농업협동조합~~ 　~~224136-0000095~~ 　~~서귀포시 서귀동 297-13~~
2	1번근저당권설정등 기말소	2017년9월12일 제59786호	2017년9월12일 해지	
3	근저당권설정	2018년4월10일 제19197호	2018년4월10일 설정계약	채권최고액　금480,000,000원 채무자 ▒▒▒ 　제주특별자치도 제주시 ▒▒▒▒ ▒▒▒▒ 　(▒▒▒▒ ▒▒▒▒▒▒▒▒▒) 근저당권자　남원농업협동조합　224136-0000102 　제주특별자치도 서귀포시 남원읍 태위로 　678 　(태흥지점) 공동담보　토지 제주특별자치도 서귀포시 　남원읍 ▒▒▒ ▒▒▒-▒▒▒ 　토지 제주특별자치도 서귀포시 　남원읍 ▒▒▒ ▒▒▒-▒▒ 　토지 제주특별자치도 서귀포시 　남원읍 ▒▒▒ ▒▒▒-▒▒▒
4	지상권설정	2018년4월10일 제19198호	2018년4월10일 설정계약	목　적　건물 기타 공작물이나 수목의 소유 범　위　토지의 전부 존속기간　설정등기일로부터 만30년 지　료　없음 지상권자　남원농업협동조합　224136-0000102 　제주특별자치도 서귀포시 남원읍 태위로 　678

-- 이 하 여 백 --

이 적절한지를 판단해야 한다. 등기부등본은 대법원 인터넷등기소
(www.iros.go.kr)에서 쉽게 열람할 수 있다. 권리관계 분석이 어렵다
면 공인중개사나 변호사 등 전문가의 도움을 받는 것도 좋다. 비용
을 들이더라도 절대 놓쳐서는 안 되는 것이다.

경·공매 동시 낙찰, 소유권은 누가 획득할까?

이제 K는 잔금을 치르는 것이 아니라 잔금을 치르지 않는 방법을

모색해야 했다. 다행히 잔금을 치르는 날 경매에서 다른 사람이 그 물건을 낙찰받았다. 경매는 1차가 유찰되어 2차가 진행되고 있었는데 감정가 대비 96%에 6명이 경합하여 공매와 경매에서 중복 낙찰되었던 것이다.

나는 얼른 해당 법원 경매계에 찾아가서 사정 얘기를 하고 낙찰자 전화번호를 알아보라고 했다. K는 급히 경매계로 갔으나 개인신용정보이니 낙찰자에게 먼저 확인하겠다고 했다. 조금 후 "낙찰자와 통화했는데 연락을 원하지 않는다고 하네요"라는 답변이 돌아왔다. 입찰보증금을 몰취당하고 낙찰을 포기하는 수밖에 없는 것인가 싶었다. 마지막 희망이라는 생각으로 경매 낙찰자에게 "공매로 낙찰받은 사람이 잔금을 치르면 경매 낙찰자는 그 물건을 소유할 수 없다"는 말을 전해달라고 했다.

다행히 경매 낙찰자는 경매 컨설팅을 통해 낙찰받았는데 컨설팅 회사가 적극적으로 나서서 공매 납부 기한 전날 잔금을 치르게 했다. 경매는 말소기준권리(낙찰자가 낙찰대금을 납부하는 순간 해당 부동산에 존재하는 권리 중 소멸되는 권리가 있고 그렇지 않은 권리가 있는데, 이를 구분하는 기준이 말소기준권리다. 저당권, 근저당권, 압류, 가압류, 담보가등기, 강제경매개시결정등기 6가지 중에 등기부등본에 가장 먼저 기재된 권리가 말소기준권리가 된다) 이후의 근저당은 말소되지만, 이 공매의 경우 기준권리와 상관없이 낙찰받은 사람이 모든 채무를 승계해야 했다. 경매 낙찰자가 공매 낙찰자보다 더 유리한 입장이었던 것이다.

그제야 K는 가슴을 쓸어내렸다. 부동산을 싸게만 사면 성공하는 줄 알았는데, 공부가 부족해 첫 공매에서 쓰라린 경험을 할 뻔했다며 너스레를 떨었다.

K가 잘못된 거래에서 빠져나올 수 있었던 것은 경매와 공매가 동시 진행되었기 때문이다. 경매와 공매는 낙찰 희망자들이 모여서 입찰가를 쓰고 가장 높은 가격을 쓴 사람이 낙찰받는다는 점은 같다. 이외에는 몇 가지 차이점이 있다.

우선 경매는 채권자에 의해 법원이 진행하는 것으로 관할 법원에 가서 입찰해야 한다. 낙찰을 받은 후 잔금을 납부하면서 인도 명령을 신청하면 어렵지 않게 명도받을 수 있다. 임차인이 있는 경우 대항력 유무를 따져 명도가 이뤄지고 경우에 따라 강제집행도 가능하다.

반면 공매는 국세징수법에 의거해 공공기관에 의해 시행되고, 온라인상(온비드 www.onbid.co.kr)으로 입찰할 수 있다. 낙찰받은 후 전 소유주나 임차인으로부터 명도 문제가 발생하면 낙찰자가 별도로 소송이나 합의를 해야 하는 불편함이 있다. 농지의 경우 경매는 농지취득자격증명이 매각결정기일 전까지 제출되어야 하지만, 공매에서는 매각결정기일 전까지 제출하지 않아도 된다.

경매와 공매가 동시 진행되어 동시 낙찰되는 경우에는 낙찰자들 중에서 먼저 잔금을 납부하는 사람이 소유권을 획득한다. 소유권을 취득하지 못한 쪽은 미리 납부한 입찰보증금을 돌려받으므로 어떤 손해도 입지 않는다. K는 이 점을 이용해서 마무리할 수 있었다.

공매는 경매와 거의 비슷하지만 초보자들에게는 공매를 권하지 않는다. 공매는 까다로운 특약사항이 있으므로 꼼꼼히 확인해야 한다. 위의 사례에서 경매의 경우 기준권리인 새마을금고 이하의 채무는 낙찰금액 내에서 배당하므로, 경매 낙찰자는 본인이 쓴 금액만 부담하면 된다. 그러나 공매 입찰 특약사항에 입찰금액 외의 별도 비용으로 근저당을 승계해 책임 처리를 하는 조건이 있었다. 이 경우 공매 낙찰자는 이를 감당하거나 아니면 낙찰 포기로 입찰 보증금을 몰취당할 처지가 되었던 것이다.

경매와 공매의 차이점이 있는 만큼 경·공매가 동시에 진행된다면 조심해야 한다. 계속 유찰되는 데는 이유가 있으니 유심히 잘 살펴보고 응찰해야 한다.

사유림 매수 제도, 뜻밖의 수익

부동산 시장이 활황기에 접어들면서 정부의 규제가 강화되어 임야에 대한 관심이 점차 늘어나고 있다. 경·공매 시장에서 임야는 다른 부동산에 비해 경쟁률이나 낙찰가율이 낮아 시세보다 저렴하게 매수할 수 있다. 더욱이 자연환경보전지역의 임야나 백두대간, 국립공원 및 공원자연환경지구에 접해 있어 활용 가치가 전혀 없어 보이는 토지는 누구도 낙찰받으려 하지 않기 때문에 낙찰 가격이 내려갈 수밖에 없다. 이렇게 쓸모없는 임야로 투자 가치를 높이는 것은 어떨까?

자연환경보전지역 임야를 보유했다면?

부동산 시장에서 자연환경보전지역이나 공원자연환경지구의 토지는 인기가 없다. 자연환경보전지역이란 자연환경·수자원·해안·생태계·상수원 및 문화재의 보전과 수산자원의 보호·육성 등을 위해 「국토의 계획 및 이용에 관한 법률」에 따라 도시·군관리계획으로 결정 고시된 지역을 말한다. 또한 공원자연환경지구는 공원자연보존지구의 완충 공간으로 보전하기 위해 자연공원법에 따라 공원계획으로 결정 고시된 지구이다(토지이음 용어사전).

무분별한 개발로 인해 자연환경이 파괴되는 것을 막기 위해 법으로 보호하는 지역인 만큼 개발행위가 엄격하게 제한된다. 그래서 이 지역 내 토지를 보유하고 있는 사람들은 쓸모없는 임야라 생각하고 아예 손놓고 있다. 이런 분들을 위해 알려드리고 싶은 제도가 있다. 산림청의 사유림 매수 제도이다.

2019년 산림청은 '제2차 국유림확대계획(2019~2028년)'을 발표했다. 2028년까지 우리나라 전체 산림의 28.3%인 179만 헥타르(㏊)까지 국유림을 확대한다는 계획이다. 총 사업비 1조 3,860억 원을 투입해 매년 1만 5천 헥타르씩 10년간 15만 헥타르의 사유림을 매입할 계획이다. 산림청은 1996년부터 국유림 확대 장기계획을 수립해서 10년간 사유림 8만 5천 헥타르를 매수했고, 교환 등 다른 수단으로 1만 8천 헥타르를 취득하여 총 10만 3천 헥타르의 국유림을 확보했다. 2019년부터 추진되는 것은 2차 확대계획이다.

2차에서는 법정보호구역인 산림보호구역 내의 산림, 백두대간 보호지역 내 핵심구역 및 완충구역으로 지정된 사유지, 민북(군사분계선 남방 15킬로미터 이내 지정 지역)·도서지역, 제주도 곶자왈 등을 매수해 생물의 다양성과 산림 생태계를 보존하는 목적으로 진행되고 있다.

산림청이 매수하고자 하는 토지는 국가적·환경적으로는 가치가 높으나, 제약이 많아서 20년이 아닌 100년이 되어도 가격 상승은 어렵다. 소유자는 법적인 소유권을 갖고 있다 해도 아무런 활용도 하지 못한 채 세금 부담만 질 뿐이다. 또한 이런 임야의 대부분이 맹지이며 급경사에 위치한다. 앞으로도 자산 가치 상승은 기대하기 어렵다.

이런 토지를 선대로부터 상속 또는 증여받았고 활용이나 처분을 하지 못하고 있다면 산림청에 문의해 사유림 매수 제도를 적극 활용해보자. 법령 규제 등으로 개발행위 및 매매가 제한돼 수익자산으로서의 가치가 없다고 판단한 임야를 매각해 현금화할 수 있다.

산림청 홈페이지(www.forest.go.kr)에 접속해서 '행정정보 → 알림정보 → 사유림을 삽니다'로 들어가면 해당 지역의 매수 계획 공고를 확인할 수 있다. 아니면 국유림관리소에 직접 전화해서 매수 의사를 문의해도 된다.

산림청 매수 의사 확인이 필수!

수업 시간에 활용 가치가 없는 백두대간 부근의 임야가 경·공매에 나왔다면 매수하여 산림청에 매도하라고 알려준 적이 있다. 그러자 수강생 한 명이 산림청 홈페이지에서 '관리하기 어려운 임야를 매입한다'는 내용을 확인했다고 한다. 그는 몇 군데 국유림 관리소에 연락하여 매수 기준을 문의했다.

○○ 국유림관리소

국유림에 접해 있어야 하고, 5만 제곱미터 이상, 공시지가 제곱미터당 1천 원 이하

△△ 국유림관리소

국유림에 속하거나 접해 있어야 하고 10헥타르(3만 평) 이상, 법적인 제약이나 현장 답사 시 특이한 이상이 없어야 한다.

산림 매수 기준은 관리소마다 조금씩 다르고, 평수가 반드시 커야만 하는 것도 아니다. 경·공매로 낙찰받아 산림청에 매도할 생각이라면 응찰하기 전에 매도할 수 있는 임야인지를 산림청에 반드시 확인해야 한다.

산림청은 임야 매수를 매년 진행하고 있지만 모든 임야를 사들이는 것은 아니다. 경사도 등의 조건이 맞아야 하고, 제한 물권인 저당권 및 지상권 등 사권이 설정된 산림, 지적공부와 등기부상의 면적이 서로 다르거나 지적공부에 표시된 위치와 실제 위치가 서로 다른 산림, 두 사람 이상 공유하는 토지 또는 산림으로서 공유자 모두의 매도 승낙이 없는 산림, 소유권 및 저당권 등을 대상으로 소송 절차가 진행 중인 산림, 최근 1년 이내에 소유권 이전 등 변동이 있는 산림, 관할 국유림관리소에 따라 기준단가를 초과하는 산림 등은 매수하지 않는다.

매년 한정된 예산에 따라 1년 단위로 매수 계획을 세워 예산을 집행하므로 예산이 소진되면 해당 연도의 매수를 하지 않으니 1년을

기다려야 한다. 산림청에서 매년 1월 말까지 홈페이지에 매수 계획을 공고하고 있으므로 이를 잘 확인하여 매수를 청구해야 한다.

산림청은 감정평가사가 감정한 가격을 기준으로 매입한다. 그래서 경·공매를 통해 낙찰받은 후 산림청에 매도하면 좋다. 경·공매 시장에서도 감정평가사가 감정한 금액으로 경·공매가 시작되기 때문이다. 감정평가사의 평가금액을 알면 대략적인 시세를 파악해 더 저렴하게 낙찰받을 수 있다.

경·공매 시장에서 인기가 없는 임야를 저렴한 가격에 매입해서 감정 가격에 산림청에 매도해 시세차익을 얻는다. 위의 수강생처럼 미리 국유림관리소에 전화를 걸어 매수가 확실한 물건인지를 확인한 후 경·공매에 도전해보길 권한다. 2022년 12월 31일까지 2년 이상 보유한 임야를 산림청에 매각하면 양도소득세의 100분의 10에 상당하는 세액을 감면받을 수 있다.

복잡한 것 같지만 가장 간단한 투자법이다. 낙찰받은 후 최근 1년이내에 소유권 변동이 없어야 산림청의 매수 대상이 될 수 있으므로, 매수 후 1년이 넘은 시점에 해당 임야가 소재하는 관할 국유림관리소에 매도 청구를 하면 된다.

지방도로 옆 토지, 이것만은 꼭 확인하자

수년 전 지방에 3~4층짜리 건물을 지어 1개 층을 사무실로 쓰고 나머지는 임대를 놓을 계획을 세운 적이 있다. 그에 따라 토지를 물색하던 중 친하게 지내는 공인중개사에게 내가 사는 집과 멀지 않은 곳에 있는 토지를 소개받았다.

지방도로를 다니면서 흔히 볼 수 있는 도로 옆 토지였는데, 주변에 식당들이 즐비했다. 300여 평으로 계획관리지역이었고 4차선 도로에 붙어 있었다. 토목설계회사에 근린생활시설로 허가 신청을 하고 1층은 24시간 편의점, 2층은 사무실, 3층은 주택으로 임대를 놓으려고 계획했던 토지였다. 주변에도 식당 등 근린생활시설들이 있어서 아무 의심 없이 매입했다.

접도구역에 먼저 가감속차선을 설치한 사람이 있을 때

그러던 어느 날 토목설계회사의 전화를 받았다. 허가 사항에 보완이 나왔다며 옆에 있는 식당에서 도로점용허가를 먼저 받았기에 그 식당으로부터 도로사용동의서를 받아오라는 것이었다. 도로점용허가란 도로구역 안에서 공작물이나 물건 혹은 기타 시설을 신축, 개축, 변경, 제거하거나 기타의 목적으로 도로를 점용하는 것을 허가하는 것을 말한다. 국토교통부 도로점용 정보마당(calspia. go.kr/road)에 접속하면 도로점용허가 기준, 준비 서류, 도로점용료 등을 자세히 알아볼 수 있다.

다음은 내가 매입한 토지(349-2전)를 포함한 인근 지역의 지적도이다. 접도구역이 내가 매입한 토지와 국가 소유의 도로에 함께 걸

쳐 있다.

접도구역이란 무엇일까? 도로 구조의 손괴, 미관 보존, 교통사고 방지 등을 위한 구역으로, 일반 국도는 도로의 경계선에서 20미터, 고속도로는 50미터 이내이다. 이 지역은 사실상 토지의 형태 변경이나 건축, 기타 공작물의 신축·개축·증축 등이 불가능하다(화장실, 축사, 농·어업용 창고 등은 지을 수 있다).

내가 사용 동의를 받아야 하는 도로는 접도구역이자 가감속차선(변속차로)이었다. 일반 차도에서 바로 진입해 들어가면 교통사고가 일어날 수 있어 차도에서 벗어나 진입하려 할 때 감속하는 구간, 반대로 빠져나갈 때는 가속하는 구간을 두는 것이 가감속차선이다. 고속도로 휴게소나 일반도로변의 식당 등에 진입할 때 일반 차도에서 벗어나 속도를 줄이면서 들어가는 구간, 반대로 나갈 때 서서히 가속하며 도로로 진입하는 구간을 말한다. 가끔 도로에 인접한 토지라서 좋은 줄 알고 가감속차선 토지를 매입하는 이들이 있다. 이 구간은 절대 건축물을 지을 수 없으므로 토지를 매입할 때 토지이용계획확인원을 통해 용도를 잘 확인해야 한다.

시설물과 규모, 지자체에 따라 가감속차선 설치 규정이 다르게 적용될 수 있다. 도로법에 따르면 가감속차선의 폭은 3.25미터 이상이어야 하고 자동차의 진출입을 잘 유도할 수 있도록 노면에 표시해야 한다. 가감속차선은 무조건 설치하는 것이 아니라 예외로 두는 곳도 있다. 토지와 도로 사이에 인도가 있고 보도블록이 깔려 있거나 2차선 도로가 사도일 때 설치 의무는 없다. 지자체마다 가감속차선 규정이 다를 수 있으므로 해당 관청에 직접 문의하는 것이 좋다.

내가 매입한 토지에서는 접도구역 일부에 대해 인근 식당 주인(346-2대 소유주)이 도로점용허가를 받아서 가감속차선을 설치한 후 사용 중이었다. 도로변에 있는 토지라 해도 눈에 보이지 않는 도로구역(접도구역) 안에 국가 소유 도로인 접도구역이 있고(위의 접도구역은 국유지와 사유지에 걸쳐 있다), 도로점용허가를 먼저 받아 가감속차선을 설치한 사람에게 사용동의서를 받아야 건축허가를 받을 수 있다.

해당 식당을 단골로 다니며 주인과도 잘 알고 지내는 사이였기에 동의서를 받는 것은 문제없으리라고 생각했지만 어긋나고 말았다. 주인은 내 사용 동의 요청을 거절했다. 몇 번이나 만나서 보상해주겠다, 서로 일정 부분 토지를 맞교환하자고 해도 듣지 않았다. 식당 주인은 내가 식당을 할까 봐 사용 동의를 해주지 않은 것이었다. 편의점과 사무실로 쓰려 한다고 설명해도 "처음에는 다 그렇게 얘기하더라"면서 믿지 않았다.

"옆에 식당이 들어오면 우리 식당이 타격을 받게 되니 절대 안 돼요."

그는 앞서 도로점용허가를 받고 가감속차선 공사를 했는데 이 공사는 신청자가 직접 해야 한다. 점용비를 내고 허가를 받았지만 허가받은 도면에 따라 공사를 해야 하므로 비용이 만만치 않게 들어가는 것이 사실이다. 비용을 많이 들여서 어렵게 허가를 받았으니 기득권자는 당연히 보상을 받으려 하고, 행여 같은 업종이 들어와

영업 방해를 받을까 봐 동의해주지 않는 것이다. 국토관리청에 해결 방안을 물어도 먼저 도로점용허가를 받은 사람한테 동의서를 받아야 한다는 답변만 들었다.

가감속차선 사용 동의를 받지 못해 도로와 연결하지 못하면 내가 매입한 토지는 맹지나 다름없게 된다. 미처 숨은 도로(접도구역)를 보지 못하고 국도변에 인접한 좋은 토지를 개발해서 가치를 높일 생각만 했던 것이 실수였다.

이처럼 도로변 토지 중 일부는 맹지 아닌 맹지가 많다. 도저히 해결의 기미가 보이지 않자, 매도인과 다시 타협하여 매매 거래를 없었던 것으로 백지화했다. 세금과 등기이전비용, 시간을 허비하면서 공부를 한 셈이었다.

몇 년이 흐르고 그 토지는 다른 사람이 매수해서 가감속차선이 필요 없는 다른 소도로를 이용하여 창고로 허가를 내서 활용하고 있었다. 도로사용허가 요청을 거절했던 식당은 한동안 폐업을 했다가 메뉴를 바꿔 개업했다. 식당이 개업과 폐업을 반복하는 것이 이상했는데, 곧 그 이유를 알 수 있었다.

도로에서 가감속차선에 진입하기 전에 그 식당이 보여야 자동차들이 진입하는데, 창고 때문에 식당이 가려진 것이다. 상당히 많은 차량들이 통행하는 도로였는데도 식당의 존재를 모르고 지나쳐서 안타까운 마음이 들었다.

그 식당 주인이 애초에 도로사용허가를 내주었다면 상생할 수 있는 방법이 있었을 것이다. 나는 식당 임대를 할 생각이 전혀 없었기 때문이다. 나에게 도로사용허가를 내주고 그에 따른 적절한 보상을 받는 대신 나는 식당 임대를 하지 않는다는 문서를 작성하고 공증을 받았다면 좋았을 것이다. 하지만 그가 거부했고, 다른 매도인이 나타나 창고를 지어서 결국 식당 영업에 방해를 받고 말았다. 창고 소유주에게는 괜찮은 거래와 활용법이지만 식당 주인에게는 손해가 되는 방식이었던 것이다.

요즘 온택트(ontact) 시대에 드라이브스루를 갖춘 매장을 하기 위해 도로변 토지를 살펴보는 사람들이 많다. 그러나 도로에 붙어 있는 토지라도 덥석 사면 분쟁의 소지가 있다. 내가 사고자 하는 토지가 대로변에 있다면 꼭 가감속차선을 확인하여 매매계약서의 특약사항에 접도구역 사용을 보장해주는 조건, 또는 가감속차선 사용에 대한 조건을 기재해야 한다.

접도구역, 어떻게 가치 있게 활용할까?

하루는 부동산중개소를 운영하는 지인이 "건축허가는 났는데 사용할 수 있는 면적이 얼마 되지 않는 토지 한번 볼래요?"라고 했다. 호기심에 한번 가보자며 따라나섰는데, 국도와 남한강 사이에 있어서 나쁘지 않았다.

"괜찮은데 토목공사는 왜 했을까요? 돈 들이지 않고 자연 그대로 매도해야 비용이 덜 들어가고, 매수인도 원하는 부동산을 만들 수 있어서 훨씬 나았을 텐데……. 현재 시설을 다 허물고 다시 공사한다면 매수인도 돈이 들어가겠네요. 허가는 어떻게 난 거예요?"

이곳은 판매시설로 허가를 받아서 도로와 높이를 맞추고자 토목공사를 한 것이었다. 도로 맞은편 남한강 쪽으로는 절토나 성토로 인해 인위적 사면인 법면이 생겨 도로에서 뚝 떨어진 토지였다고 한다. 그래서 보강토로 평평하게 토목공사를 한 것이다. 법면이란 도로나 철로를 설치하고자 바닥부터 흙 등을 쌓아서 만든 경사면을 말한다. 법적으로 소유할 수는 있으나 실질적인 활용이 불가능한 토지라서 법지라고도 한다.

허가 도면과 서류들을 살펴보니 실제로 쓸 수 있는 면적이 얼마 되지 않았다. 눈으로는 꽤 폭도 넓고 길었지만, 토지 폭에서 접도구역이 더 넓었고 건축행위를 할 수 있는 토지의 폭이 4미터 정도밖에 되지 않았다. 그런 이유로 주변 환경이나 시세보다 많이 싸게 나온 매물이었다.

그러나 내 눈에는 가격 대비 가치가 훨씬 많은 토지였다. 부동산을 매입할 때는 개발한 후의 모습을 그려보고 흡족하면 투자를 해도 된다. 나는 그 토지를 매입해서 테크아웃 커피 전문점이나 건축자재 판매점으로 활용할 것을 추천했다. 판매점으로 허가가 났으니 매장 안에서 커피를 마시는 것은 안 되지만, 테이크아웃을 하는 것은 가능하다.

접도구역으로 인해 넓어진 마당을 주차장으로 이용할 수도 있었다. 건축자재 판매점은 부피가 큰 제품을 취급하므로 접도구역 토지에 적재가 가능하다. 부동산중개소를 운영하는 지인은 내 말에

귀를 기울였고, 토지를 사러 온 손님에게 그대로 설명하여 매매를 성사했다.

그 후 그 토지에는 예쁜 테이크아웃 커피 전문점이 지어졌다. 아래 그림에서 별색 부분이 건물이고 강 쪽(건물)으로는 법면을 더 파서 지하공간이 되지만 앞쪽으로는 강이 바라보인다. 도로 쪽에서 보면 1층 건물, 강 쪽에서는 2층 건물이다. 내가 생각한 대로 보강토 공사를 다시 허물고 강 쪽으로 데크를 깔고 테이블을 놓아서 힐링할 수 있는 공간을 만들었다.

접도구역은 주차장으로 쓰이고 있었다. 비싼 금액으로 산 토지를 주차장으로 쓴다면 투자 대비 수익률이 떨어질 수 있다. 그러나 접도구역이어서 싸게 매입한 토지를 주차장으로 활용한다면 판매영업을 하는 데 더할 나위 없을 것이다.

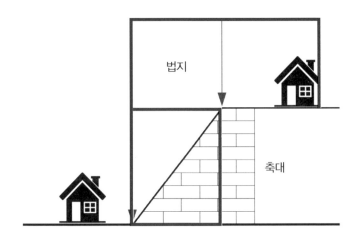

접도구역 내 주요 허용 행위

- 연면적 10제곱미터 이하의 화장실
- 연면적 30제곱미터 이하의 축사, 농·어업용 창고
- 연면적 50제곱미터 이하의 퇴비사
- 바닥면적 합계가 30제곱미터 이하 건축물의 증축
- 건축물 개축/재축/이전(접도구역 밖에서 접도구역 안으로 이전하는 경우 제외)/대수선
- 도로의 이용 증진을 위해 필요한 주차장 설치
- 도로와 잇닿아 있지 않은 용수로/배수로 설치
- 문화재보호법에 따른 문화재 수리
- 운전자의 시계를 방해하지 않는 정도로 경미한 울타리, 철조망의 설치

  드라이브스루 매장을 하려는 이들은 접도구역에 접한 토지를 눈여겨볼 필요가 있다. 덥석 매입하지 말고 개발 가치가 있는 토지를 잘 골라야 한다. 잘만 선택하면 쏠쏠한 수입을 가져다주는 효자 토지가 될 수 있다.

부동산 투자의 시작과 끝, 도로

직장 생활을 하던 30대 초반의 어느 날이었다. 갑자기 내 인생에 대한 두려움이 밀려들었다. '일을 그만두면 뭘 하고 살지? 어떻게 살아야 할까? 경제적으로 힘들어지면 안 되는데⋯⋯.'

한번 두려움이 들기 시작하자 꼬리에 꼬리를 물고 생각이 이어졌다. 그때부터 회사를 그만두고 할 수 있는 일을 찾기 시작했다. 그러다 중학교 시절부터 '주택'에 관심이 많았다는 것을 떠올리고 직장을 다니면서 부동산 투자를 해보기로 했다. 그 시절에 나는 엄청 왜소하고 약해서 힘으로 하는 일은 자신이 없었다. 그래서 찾은 일이 부동산 투자였다. 직장을 다니면서 꾸준히 혼자 공부해 부동산 투자를 시작했다.

교통을 보면 돈이 모이는 곳을 알 수 있다

부동산 투자를 하면서도 본업에 지장을 초래하지 않으려고 열심히 일했다. 하지만 어느 때부터인가 상사와 불편한 관계가 되었고, 객기를 이기지 못해 회사를 뛰쳐나왔다. 자존감이 땅바닥으로 추락했다. 내가 살던 아파트 베란다에서 내려다보는 한강의 노을은 나를 더 외롭게 만들었다. 붉게 노을 진 한강 물이 출렁거릴 때면 세상에 혼자 덩그러니 내동댕이쳐진 패잔병 같아 그대로 뛰어내리고 싶었던 적도 있었다. 보름 정도 문밖에 나가지 않고 혼자 패배감을 꿀꺽꿀꺽 목으로 넘기다가 문득 이런 생각이 들었다.

'이럴수록 결국 지는 거야. 모든 것을 새로 시작해야 해. 얼른 문밖으로 나가자. 그러면 뭐든 생각이 날 것이고, 하다못해 길거리에서 복권이라도 살 것이 아닌가?'

그 길로 나는 집을 나가서 우리나라의 국토개발계획도를 사가지고 들어왔다. 거실 바닥에 국토개발계획도를 펼쳐놓고, 위에서 아래로 내려다보면서 도로가 가장 많이 겹치는 곳이 어디인지를 살폈다.

부동산에서 도로는 우리 몸의 혈관과도 같다. 혈관의 피가 잘 돌아야 우리의 생명이 이어지듯 도로는 토지를 살리는 생명의 통로와 같다. 도로가 크고 넓다고 다 좋은 것은 아니라 적재적소에 쓰여야 한다. 도로가 잘 나 있으면 교통이 좋다는 뜻이고, 그런 곳에는 사람들이 모인다. 사람들이 모이다 보면 상권과 편의시설이 발달하고 일자리가 늘어난다. 모든 것이 좋아질 수밖에 없다. 그래서 교통을 살펴봐야 돈이 모이는 곳을 알 수 있고, 거기에 투자해야 성공한다.

당시 투자처를 찾던 내 눈에 들어온 곳은 원주였다. 원주는 의료기업 도시로서 부동산이 한창 활황기였기에 매입하기에는 너무 벅

찬 가격이었다. 그래서 그 옆에 있는 제천으로 눈을 돌려 요즘 말로 영끌해서 8천만 원을 마련했다. 지금으로부터 20년 전 얘기다. 그 시절에도 8천만 원은 엄청나게 큰돈은 아니었다. 집에서 매일 제천으로 출퇴근하다시피 했는데, 부동산중개사들과 산과 들로 임장을 다니다 보니 가장 불편한 것이 화장실이었다. 그래서 나는 화장실을 최대한 가지 않으려고 물을 마시지 않았다.

돈이 없어서 수도권에서 먼 곳에 투자할 수밖에 없으니 하루 운전 거리가 만만치 않았다. 1년에 5만 킬로미터를 달리면서 사고를 당할 뻔한 적도 수없이 많았다. 비가 많이 오는 날 산에 올라갔다가 물러진 흙을 밟고 절벽으로 떨어지던 찰나에 나뭇가지를 붙잡고 올라와 구사일생으로 살아남았다. 장마철 농로에서 차가 미끄러져 밭에 빠졌는데 너무 깊숙이 들어가서 견인차를 부른 적도 있다. 지금은 과거의 기억을 떠올리며 웃을 수 있지만 그때는 정말 하루하루가 불안했다.

이렇게 시작한 나의 부동산 투자는 지금까지 이어오고 있다. 초보 시절에 정말 단순하게 도로를 보면서 부동산 투자를 시작했고, 실전을 경험할수록 도로가 정말 중요하다는 사실을 깨달았다.

국가간선도로망에 뜨는 지역이 있다

국토교통부는 도로법에 따라 10년에 한 번씩 국가도로망종합계획을 발표한다. 이것을 보면 전국 어느 지역에 간선도로가 생기는

지 알 수 있다. 2021년 9월에 발표된 제2차 국가도로망종합계획을 보면 국내 도로망은 남북－동서 각각 10개 축과 6개 방사형 순환망을 합친 형태(10×10+6R 체계)로 새롭게 정비된다.

중부선과 중부내륙선의 이격거리가 73킬로미터로 평균의 2배를 넘을 정도로 컸던 점을 보완하고 남북 축의 교통량을 분산하기 위해 새롭게 남북 6축(연천－서울－진천－영동－합천 구간)을 도입했다. 이미 간선도로 기능을 수행 중인 장거리 노선(평택－부여－익산, 서울－세종, 서울－춘천)은 지선에서 간선 축으로 조정했다(〈노컷뉴스〉, 2021년 9월 16일). 국가도로망종합계획처럼 정부가 발표하는 국토 정책을 잘 살펴보고 어디에 투자해야 하는지 알아보자.

교통이 좋아지면 경제적으로 가장 큰 수혜 지역은 어디일까? 서울이다. 모든 교통이 통하는 곳이기 때문이다. 한결 좋아진 교통 때문에 당일치기 여행이 가능해진 것을 보면, 교통이 좋아진다고 해당 지역의 모든 상권이 발전하지는 않는다는 것을 알 수 있다. 교통이 좋아지는 지역에 투자할 때는 주택을 할 것인지, 상가를 할 것인지를 명확히 정해야 한다.

교통 수혜로 상권이 발달하는 곳이라면 상가 투자가 좋고, 베드타운이라도 주거지가 발달한다면 아파트나 빌라, 오피스텔 등에 투자하는 것이 좋다. 투자를 할 때 해당 지역의 특성에 따라 물건을 선별해야 한다. 남들이 오피스텔을 사니까 나도 사야겠다는 마음으로 해서는 안 된다.

부동산에서 중요한 것은 도로뿐만이 아니다. 도로가 확충되면 교

국가간선도로망 10×10＋6R

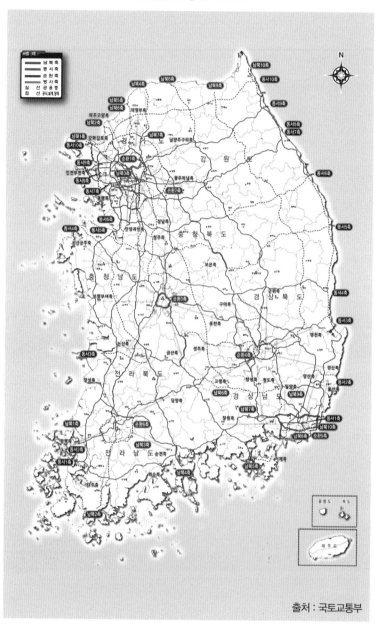

출처 : 국토교통부

246

통이 개선되고 많은 인구가 유입되지만, 엄청난 인구로 인한 교통 정체 문제도 생긴다. 한꺼번에 많은 사람들을 이동시킬 수 있는 지하철이나 KTX, GTX, SRT 등 모든 교통수단을 보아야 한다.

이번에 발표된 국가도로망종합계획을 보면서 정부가 북한과의 관계 개선 내지는 통일을 염두에 두고 도로 계획을 세우고 있다는 생각이 들었다. 남북통일이 된다면 대부분의 사람들은 남한이 북한을 먹여살려야 하므로 과거의 서독처럼 큰 손해를 볼 것이라고 생각한다. 하지만 내 생각은 조금 다르다.

몇 년 전 중국의 육로를 거쳐 러시아로 여행을 갔을 때 내가 알고 있던 모든 상식이 틀렸음을 깨달았다. 남북통일은 일본을 제외한 미국이나 중국, 러시아, 북한, 우리나라 모두에게 이익이다. 러시아의 광활한 토지에 북한의 인력과 우리나라의 전문 기술력이 결합해서 중국 대륙을 공략할 수 있는 상업 시스템을 만들 수 있기 때문이다.

통일이 된다면 부동산 투자로 최대 수혜 지역은 어디일까? 북한과 접경 지역이다. 우리나라에서 북한을 거쳐 중앙아시아까지 육로가 이어질 것이고, 그 길목의 부동산이 상승할 것으로 조심스럽게 점쳐본다. 경기도 파주, 인천시, 강원도 철원군·고성군 간성읍 등이 북한과의 접경 지역이자 좋은 길목이라고 생각한다.

• 파주 : 북한과 서울을 제일 빠르게 잇는 가교 역할 기대
  대기업 LG가 자리 잡고 있고, 밴드 업체들이 많이 생길 것으로 예상

- 인천 : 북한과 중국의 운송과 물류기지로서 역할 기대
- 철원군 : 넓은 평야와 비무장지대로 인해 관광지로 변할 가능성
- 고성군 : 동북아시아와 중앙아시아를 잇는 실크로드의 연결선상으로 향후 교통망으로서 가치 있음

북한의 값싼 노동력을 이용한 공장이 많이 생기겠지만, 물류창고는 남한에 만들어질 것이라고 예상한다. 남한의 교통망이 훨씬 좋기 때문이다. 부동산 투자는 단타를 치는 것이 아니라 장타 이상 홈런을 치는 것으로 지금부터 착실하게 준비해야 한다.

접경지대라 하더라도 비무장지대는 피해야 한다. 지가가 싸다는 이유로 투자하는 사람들이 있는데, 실상은 가장 피해야 할 곳이다. 그곳은 자연환경보전지구로서 국제보호지역으로 공원이 될 확률이 높다. 기획부동산이나 사기꾼들의 말에 현혹돼 값이 싸다고 해서 비무장지대의 토지를 사지 않도록 유의한다.

북한과 통일되더라도 남한의 부동산이 상승할 가능성이 높다. 북한보다는 남한의 인프라가 잘 발달되어 있으므로 인구 몰림 현상이 남쪽에서 이뤄질 수 있다. 이 점을 염두에 두고 북한과 인접하면서 자연보호구역이 아닌 곳을 살펴보면 좋을 것이다.

행정수도 이전 후 서울 부동산의 미래

문재인 정부 들어 행정수도 이전의 움직임이 본격화되면서 세종

시 부동산이 사상 최고 수준의 폭등을 보였다. 세종시로 행정수도를 이전하면 서울의 부동산은 어떻게 될까?

웬만한 변동은 있을 수 있으나 큰 폭의 변화는 없을 것이라고 예상한다. 물론 국회와 청와대까지 이전한다면 어마어마한 수의 공무원이 이동하게 되고, 그와 관련된 업을 가진 사람들이나 집단의 이주가 이뤄질 것이다. 그래서 서울 부동산에 어느 정도 영향을 줄 것이라는 예상은 누구나 할 수 있다. 그렇다고 해서 서울 부동산이 크게 추락하는 일은 없을 것이다. 우리나라에서 가장 뛰어난 인프라를 가진 지역이고, 대기업들이 서울과 경기권에 둥지를 틀고 있어서 인위적으로 이동시키기는 쉽지 않다.

정부가 계획한 대로 세종시는 행정수도로서의 가치를 가지고, 서울은 경제수도로서의 가치를 가지는 것이 국토균형개발 측면에서 바람직하다. 세종시 인근의 풍선효과 등을 차단하고, 행정수도 이전이 실질적인 균형 발전으로 이어질 수 있도록 후속 조치들이 더 필요할 것이다.

토지 투자할 때 확인해야 하는 도로

토지를 매입하고 개발해서 사업을 하거나 되파는 사람들은 도로를 가장 중요하게 살펴본다. 도로는 크게 공도(公道)와 사도(私道)로 나뉜다. 공도는 국가나 지자체가 설치한 것이고, 사도는 개인 소유의 도로이다. 공도는 일반 지도나 지적도에서 명확하게 확인할 수 있고, 국가나 지자체 소유이므로 아무나 이용할 수 있다.

반면 사도는 도로법의 적용을 받지 않고 소유주에게 토지사용승낙을 받아야 사용할 수 있으며, 도로 사용에 따른 지료를 지급해야 한다. 사도를 공도로 착각해서 사도에 붙은 토지를 매입하면 낭패를 볼 수 있다. 토지사용승낙을 받지 못하면 내 토지가 맹지가 되기 때문이다.

이것을 '현황도로'라고 한다. 눈으로 보기에는 도로가 맞는데 지목이 '도'가 아닌 '전'이나 '답', '임야' 등이고 개인이 임시로 도로로 쓰는 경우이다. 간혹 현황도로이기는 하지만 사람들이 많이 사용하고 있어 사실상 도로로 인정되는 곳도 있지만 그렇지 않은 경우도 있다. 현황도로를 이용해야 드나들 수 있는 토지를 매수할 때는 주의가 필요하다.

지자체가 도로로 인정하여 현황도로로 쓰는 경우는 문제가 없다(예를 들어 마을사업으로 지자체가 현황도로를 포장했다거나 구거를 도로로 포장한 경우 등). 그러나 현황도로가 있다 하더라도 내 토지를 개발하면서 타인 소유지 도로에 대한 도로사용승낙을 받지 않는다면 문제가 된다. 소유주가 도로를 사용하지 못하도록 폐쇄하거나, 도로사용승낙을 해주는 대신 지료를 요구할 수 있다. 오랫동안 사람들이 현황도로로 사용하는 토지의 소유주는 재산권을 행사하는 데 제약이 있기 때문에 타인의 사용에 대한 지료를 요구힐 수 있다.

토지를 사서 건축물을 짓고 싶다면 건축법을 알아야 한다. 우선 건축물을 지을 대지가 도로와 일정 부분 접해 있어야 한다('접도의

무'라고 한다). 사람의 보행과 자동차 통행이 가능한 폭 4미터 이상, 접도 부분은 2미터 이상의 도로를 말한다(완화 혹은 강화되는 경우도 있다). 내 토지가 현황도로에 붙어 있고 이 도로의 폭이 부분적으로 4미터가 된다 해도 다른 구역이 사도라면 기준을 충족하지 못하게 되어 건축허가를 받지 못할 수도 있다.

건축법상 도로

- 「국토의 계획 및 이용에 관한 법률」, 도로법, 사도법 그 밖의 관계 법령에 따라 신설 또는 변경의 고시가 된 도로
- 건축허가 또는 신고 시에 지자체에서 위치를 지정하여 공고한 도로 중 어느 하나에 해당하는 도로나 그 예정 도로
- 지형적으로 자동차 통행이 불가능한 경우와 막다른 도로인 경우
  - 지형적 조건으로 인해 지자체에서 차량 통행을 위한 도로의 설치가 곤란하다고 인정해 그 위치를 지정·공고하는 구간의 너비 3미터 이상인 도로
  - 막다른 도로로 길이가 10미터 미만 : 너비 2미터 이상
  - 막다른 도로의 길이가 10미터 이상 35미터 미만 : 너비 3미터 이상
  - 막다른 도로의 길이가 35미터 이상 : 너비 6미터(도시지역이 아닌 읍·면지역은 4미터) 이상

내가 사고자 하는 토지에 붙은 도로에 대해 정확한 정보를 알고 싶다면 지적도를 확인해보면 된다. 공문서를 꼼꼼하게 확인한다면 목적에 맞지 않는 토지를 매입하는 불상사를 방지할 수 있다.

야구를 보면 삼진아웃도 되고 볼 넷으로 출루하기도 하고 2루타를 치기도 한다. 오르락내리락하는 상황이 수시로 반복되고 안타

를 친다 해도 상대방이 실책하지 않는 한 한 번에 주자가 홈으로 들어와서 점수를 올리기는 쉽지 않다. 홈런을 쳐야 여유롭게 홈을 밟을 수 있다. 권투도 마찬가지다. 한 번에 KO 승리를 하는 경기는 드물다. 계속 잽을 날리면서 기회를 보다가 일격필살의 스트레이트를 날리면서 KO 승리를 하는 것이다.

권투와 야구에서 잽과 안타가 부동산 투자 공부이다. 홈런과 스트레이트를 날리려면 안목을 길러야 한다. 안목은 그냥 생기는 것이 아니다. 많은 답사를 하며 공부를 해야 한다. 요즘 같은 시대에 무작정 길을 나서라는 것은 아니다. 인터넷 지도를 보고 괜찮다는 생각이 들면 주말이나 퇴근 후 임장을 다니면 된다. 꾸준한 노력만이 좋은 물건을 선별할 안목을 키워준다는 점을 기억하자.

고소득 노년층, 부동산 고급화 전략

전 세계적으로 고령화가 사회문제로 떠오르고 있다. 태어나는 인구는 적은데, 의료기술의 발달로 신체 수명이 길어지는 것이다. 그런데 노년층의 모습이 과거와 사뭇 다르다. 곰방대를 물고 옛날 얘기만 하기보다 일정 수준 이상의 학력과 경제적 능력을 갖추고 자신의 인생을 즐기며 산다. 이러한 고소득 노년층을 겨냥한 사업에 관심을 가질 필요가 있다.

이들을 겨냥한 부동산 투자 사업은 무엇일까? 삶의 질을 높일 수 있는 주택과 환경을 만드는 것이다. 우리가 지금 겪고 있는 바이러스와의 전쟁을 보더라도 앞으로는 환경이 가장 중요한 해결 과제가 될 것이다. 언제, 어떻게 우리를 공격할지 모르는 바이러스나 봄이면 심해지는 황사를 피해 건강하게 살 수 있는 환경이 어디일까 생각해보자.

복잡한 서울보다 인접한 수도권, 그중에서 자연친화적인 곳을 떠올려보자. 도심의 병원이나 편의시설, 문화를 즐기면서도 자연과 가깝게 지낼 수 있는 곳 말이다.

그런 곳에 고급 부동산 렌탈 사업을 한다면 충분히 시장성이 있다고 생각한다. 본집 외에도 세컨드 하우스를 두고 오가면서 살고 싶어 하는 이들을 상대로 '에어비앤비'나 '살아보기 주택'을 벤치마킹하되 한층 고급화된 주택을 제공하는 것이다.

미군이 용산에 거주할 때 최고의 부동산 투자 중 하나가 미군을 상대로 한 주택 렌탈이었다. 그들은 1년치 임대료를 선납으로 냈고 목돈을 받은 임대업자들은 그것을 이용해 외국인 주택 렌탈 사업을 계속 늘려나갔다. 고소득층을 위한 주택 렌탈은 손이 많이 가지 않고 고소득을 올릴 수 있는 사업이다.

부동산
틈새 투자

부를 끌어당기는
생각의 법칙

|

투자 고수가 말하는
부자 마인드

돈이 찾아오는 사람이 있다

가끔 나는 나 자신에게 '왜 부동산 투자를 하는 걸까?'라고 묻곤 한다. 나는 무엇보다 지금보다 더 나은 미래를 준비하기 위해, 부자가 되기 위해 부동산 투자를 하고 있다. 이 책을 읽고 있는 독자들도 마찬가지일 것이다.

지금까지 부동산 투자의 기술에 대해 알았다면 이제는 부동산 투자자로서 마음가짐에 대해 생각해보자. 맹목적으로 돈과 부를 좇기보다 부를 이루려면 어떻게 해야 하는지, 그리고 이후에는 어떻게 살아야 하는지를 생각하는 것이다. 부에 대한 명확한 철학이 있어야 흔들리지 않고 부를 향해 달려갈 수 있고, 부를 이룬 후에도 돈만을 추구하는 어리석은 사람이 되지 않을 것이다.

우리는 왜 부동산 투자를 하는가?

'인간만사새옹지마(人間萬事塞翁之馬)'라는 말이 있다. 중국의 유안

(劉安)이 쓴 《회남자(淮南子)》〈인간훈(人間訓)〉에 나오는 이야기에서 유래했다. 국경 지방에 사는 새옹이란 노인이 키우던 말이 국경을 넘어서 오랑캐들이 사는 땅으로 달아났다. 마을 사람들은 그를 위로했지만 노인은 "이것이 복이 될지 누가 알겠는가?"라며 낙심하지 않았다. 몇 달 후 도망갔던 말이 오랑캐의 준마(駿馬)를 데리고 돌아오자 마을 사람들이 축하의 말을 건넸다. 하지만 노인은 "이것이 화가 될지 누가 알겠는가?"라며 기뻐하지 않았다.

얼마 안 되어 오랑캐의 말을 타던 아들이 떨어져 다리가 부러지고 말았다. 이번에도 노인은 "이것이 복이 될지 누가 알겠는가?" 하며 슬퍼하지 않았다. 나중에 오랑캐가 쳐들어와 젊은이들이 모두 전쟁터에 나갔고 전사한 이가 많았는데, 노인의 아들은 다리를 절어 징집되지 않아 무사했다.

부자가 되고 싶은 이들에게 권하는 마음가짐은 부정적인 상황에 휘둘리지 않고 긍정적인 마음을 유지하는 것이다. 긍정적인 생각과 말을 반복하고, 바라지 않는 것은 생각하지 않으며, 바라는 것을 계속 말로 반복하는 것이다. "말이 씨가 된다"는 옛 속담처럼 꿈을 반복하면서 이뤄질 거라고 믿어야 진짜 이룰 수 있다.

심리학에서도 말의 힘을 인정한다. 자기규정 효과(자신에 대한 규정이 행동을 결정하고 궁극적으로 운명까지 결정한다), 자성 예언 효과(스스로 기대한 모습대로 되는 것), 피그말리온 효과(타인의 관심이나 기대로 결과가 좋아지는 것), 로젠탈 효과(교사가 지적 능력과 학업 성취가 뛰어나다고 믿은 학생들이 실제로 스스로를 그렇게 바꾸는 것) 등 어떻게 생각하느냐에 따라 '기적'이 일어날 수 있다는 것이 심리학적으로 증명되었다.

내가 이미 부자가 되었다는 긍정적인 마인드를 갖는 것이 중요하다. 현재의 모습을 결정하는 것도, 미래의 삶을 바꾸는 것도 오롯이 지금 하는 생각에서 비롯된다. 자신의 가치를 향상하려면 반드시 될 것이라는 믿음으로 스스로를 바라보자.

미국의 심리학자 쉐드 햄스테드는 "인간은 하루 평균 5~8만 가지 생각을 하며 살아간다"면서 "그중에 80%는 부정적인 생각이고, 95%는 어제의 생각을 반복하는 것"이라고 했다.

모든 일에 감사하고 긍정적인 생각을 가지면 모든 꿈을 이룰 수 있다는 것을 나는 직접 체험했다. 특히 부동산 투자를 할 때 늘 감사하는 마음을 품고 있었기에 좋은 기회를 잡을 수 있었다. 나는 "돈도 눈이 있다. 돈을 사랑하고 아끼는 사람만이 부자가 될 수 있다"는 말을 곧잘 한다. 돈은 마치 사람처럼 눈과 인격이 있어서 자신을 소중하게 다루고 잘 사용해줄 사람을 찾아간다.

가끔 신문의 사회면에서 로또에 당첨된 사람들의 이야기가 나온다. 그중에는 얼마 가지 않아 방탕한 생활로 가정이 파탄 나거나 범죄자가 된 사람들이 있다. 돈을 가치 있게 다루지 못하고 오히려 불행의 씨앗으로 사용하기에 돈이 스스로 떠난 것이다. 이때 돈은 무서운 결과를 남기고 떠난다.

돈도 자신이 사랑받고 있다는 것을 안다. 돈을 올바르게 사랑하지 않으면 흥청망청 소비로 이어지고 결국 돈과 헤어지게 된다. 부동산도 마찬가지다. 내가 가진 부동산을 아끼고 사랑해야 한다. 매물을 고를 때 이걸로 '돈을 얼마나 벌 수 있을까?'에 앞서 '어떤 목적으로 어떻게 사용할 것인가?'를 생각하자. 사랑해주고 아껴줘야 나와 평생 동반자가 된다. 이런 마음이 좋은 부동산과 인연을 만들어준다.

행운은 계획에서 나온다

　부산에서 부동산 강의를 할 때였다. 소액으로 할 수 있는 경매를 살피다 남해의 어느 면 소재지에 있는 300여 평의 토지를 발견했다. 큰 어려움 없이 개발할 수 있는 토지라는 생각이 들어서 수업 시간에 설명했는데, 수강생 2명이 공동 입찰을 해보겠다는 뜻을 밝혔다. 주택을 한 채씩 지어 주말에 남해에서 생활해보고 싶다는 것이었다. 두 사람은 각자 250만 원씩 총 500만 원의 입찰보증금으로 응찰했다.

　나는 응찰을 도와주러 진주법원까지 내려갔다. 입찰일이 월요일이어서 전날인 일요일에 임장을 갔다. 해당 토지는 슬리퍼를 신고도 면 소재지의 편의시설을 이용할 수 있을 정도였고, 운동 삼아 걸어갈 수 있는 거리에 바닷가가 있었다. 주말 별장처럼 이용하고 싶다는 수강생들의 목적에 부합해 보였다. 게다가 두 사람 중 한 명은 본가가 진주였기에 주말에 와서 어르신들을 뵙기도 좋았다.

4배 수익을 가져다준 마인드

경매 초보자들은 먼 거리의 경매 물건을 보러 가자고 하면 망설일 때가 많다. 확실히 낙찰받을 수 있을지 알 수 없고 먼 거리가 부담스러운 것이다. 그러나 수강생 둘은 물건을 찾기 위해서는 얼마든지 다녀보겠다는 마음 자세가 되어 있었다.

임장 갔을 때 그 토지를 보러 온 여러 사람들을 발견하곤 낙찰 금액을 정하기가 조금 부담스러웠다. 토지 위치, 용도 등을 고려해서 신중하게 가격을 정한 후 다음 날 진주법원에서 응찰했다. 다행히 수강생들이 감정가 대비 50% 정도에 낙찰받았다.

낙찰받은 지 일주일 후 허가 결정이 났는데 항고 기간인 7일이 지난 다음 날 진주법원에서 연락이 왔다. 해당 물건의 소유주 쪽에서 낙찰자의 연락처를 알려달라고 했다는 것이었다.

나는 수강생들에게 일임을 받아 그에게 연락했다. 토지의 소유자는 형부이고, 형부는 부모에게 물려받은 것이며 채무자는 언니인데, 언니의 일이 잘못되어 경매가 진행되었다는 것이다. 경매가 진행되면서 사돈댁(언니 시댁)이 언짢아하고 있다며 "경락받은 토지를 다시 넘겨주면 안 되겠냐?"고 했다. 입찰보증금 500만 원에 1천만 원을 더 줄 테니 양보해달라는 것이었다.

몇 차례 협의를 거친 끝에 입찰보증금을 포함해 5천만 원을 받는 것으로 합의했다. 500만 원을 입찰보증금으로 투자해서 4,500만 원을 번 것이니 수익률로 따지면 어마어마하다. 다른 수강생들은 멀다고 가보기를 꺼렸지만 두 사람은 부지런히 움직인 덕분에 전혀 예상하지 못했던 수익을 거두었다.

메이저리그의 혁신가였던 브랜치 리키는 "인생의 행운은 모두 계획에서 비롯된다"고 했다. 그의 말처럼 아무것도 하지 않은 사람에게는 행운이 찾아오지 않는다. 성공하기 위해, 부자가 되기 위해 오늘 하루를 열심히 살아가는 사람들에게 주어지는 것이 행운이다. 부동산 투자도 마찬가지다. 투자 기회를 찾으려고 부지런히 노력하다 보면 행운의 여신을 만날 것이다.

경락을 받은 두 수강생들은 부동산 공부를 하고 첫 실전 투자에 성공하면서 '마음만 먹으면 내 뜻대로 인생을 만들어갈 수 있다'는 자신감이 생겼다고 한다. 이것이 부지런히 도전함으로써 얻을 수 있는 강력한 힘인 것이다.

부자들의 다이어리에는 이것이 있다

사람이 살아가면서 항상 좋을 때만 있을 수는 없다. 나도 모든 상황이 거꾸로 가던 시기가 있었다. 저녁에 자리에 누우면 '이대로 내일 아침에 눈을 뜨지 않으면 좋겠다'는 생각이 든 적도 있다.

암흑의 터널을 지나면서 할 수 있는 일이라고는 책을 읽고 공부하는 것뿐이었다. 체질상 음주가무를 못하니 혼자 지내는 시간이 많았다. 그 시간에 '나는 잠룡이다. 10년만 꾹 참고 살아보자'라고 생각하며 10년 계획을 세웠다. 언젠가는 이 어두운 터널을 빠져나갈 거라는 결심을 하고 묵묵히 공부했다. 정말이지 앞이 보이지 않을 정도로 힘든 시간이었지만, 참고 인내하며 계획을 실행했고 그것이 쌓여서 '지금의 나'를 있게 했다.

10년 계획, 오늘부터 시작하자

나는 현대그룹의 정주영 회장을 존경한다. 맨주먹으로 거대 기업을 일구고 성공 신화를 쓴 불굴의 의지, 초긍정 마인드를 닮고 싶다. 그의 책《시련은 있어도 실패는 없다》에 나오는 일화를 소개하고자 한다.

그는 한국전쟁이 끝나고 정부에서 발주한 다리 공사를 맡게 되었다. 대구와 고령을 잇는 300미터 길이의 다리(고령교)를 복구하는 2년짜리 공사였다. 의욕적으로 공사에 임했지만 열악한 장비에 강바닥에 박힌 교각 상판을 들어 올리기도 힘들었다. 낙동강의 잦은 홍수와 수심 변화로 어려움이 더 컸다. 1년이 지나도 교각 하나를 세우기가 힘들 정도였다. 설상가상으로 물가가 급등하면서 막대한 적자를 겪었다. 물가가 뛰기 전에 공사대금을 결정했기에 회사의 손해가 막심했다. 노동자들이 일당을 달라고, 채권자들이 빚을 갚으라고 아우성이었다.

다리 복구 공사를 완성하기가 거의 불가능했다. 그러나 정주영 회장은 많은 손해를 감수하더라도 수주받은 공사를 완료하겠다고 결심했다.

"이것은 시련이지 실패가 아니다. 내가 실패라고 생각하지 않는 한 이것은 실패가 아니다."

그는 고령교를 끝내 완성했고, 공사로 인해 진 빚을 갚는 데만 약 20년이 걸렸다. 그의 삶에서 가장 쓴맛을 안겨준 공사였으나, 앞으로는 실패하지 않는 계획을 세워서 일하겠다고 마음먹었다. 혹독한 시련을 통해 성공의 노하우를 배운 셈이다.

미국의 유명한 방송인 오프라 윈프리는 사생아로 태어났다. 태어나자마자 어머니에게 버려져 할머니와 살다가 다시 어머니와 살게 되었지만, 9세 때 사촌에게 성폭행을 당했다. 14세 때 출산했지만 2주 만에 아기가 사망했다. 계속된 시련에 마약에까지 손을 대기도 했다.

다행히 아버지와 새어머니의 응원과 돌봄 속에서 서서히 마음의 상처를 회복하기 시작했다. TV 아나운서가 되고 싶다는 꿈을 품고 말하기 대회에 출전하고 라디오 프로그램에서 일하기도 했다. 그녀는 뛰어난 말재주를 인정받아 19세에 라디오 프로그램 진행을 맡았다. 전설의 시작이었다. 지금 그녀는 전 세계에서 가장 유명한 방송 진행자이다.

"우리가 무슨 생각을 하느냐가 바로 우리가 어떤 사람이 되는지를 결정한다."(오프라 윈프리)

나 역시 IMF를 겪으면서 회사도, 상사도, 어느 누구도 나를 책임져주지 않는다는 것을 깨달았다. 내 인생은 내가 계획하는 대로 갈 수밖에 없고, 그렇기에 역경도 적극적으로 이겨내야 한다.

직장 생활을 하던 20대 시절, 부동산 공부를 하면서 10년 단위로 목표를 설정해서 실천했다. 직장을 그만두고 다시 전문 부동산 투자가로서 10년 계획을 세웠다. 나에게는 작은 메모 하나도 버리지 못하는 버릇이 있다. 젊었을 때부터 직장 생활을 하면서 생긴 습관이다. 지금도 가끔 옛날 메모들을 보면서 추억을 되새기곤 한다.

그중에 하나가 '53세에 30억 부동산을 만들겠다'는 목표였다. 40대 초반에 목표를 세우면서 취미였던 그림 그리기를 미루고 목표 달성을 위한 5년 단위 계획을 세웠다. 그런 다음에는 1년 단위 계획을 세워 하나씩 실천해나갔다. 나는 53세가 되기 전에 목표를 이뤘다. 55세가 되었을 때 목표 금액보다 더 많은 재산을 일궜다.

목표 없이 그날이 그날인 것처럼 살았다면 지금과 같은 재산을 일궈낼 수 없었을 것이다. 내가 목표를 달성할 수 있었던 것은 최종 목표와 그에 맞는 중기, 단기 목표를 세워서 실천했기 때문이다. 목표를 종이에 써서 붙여두고 계속 보고 읽으면 자신도 모르게 뇌에 각인되어 수단과 방법을 궁리하게 마련이고, 그 노력이 쌓이고 쌓여서 목표를 달성하게 된다.

나처럼 평범한 사람도 10년 동안 공부하고 계획을 세워서 실천하면 원하는 수준에 도달할 수 있다. 부동산 투자를 계기로 행정학과 법학까지 공부하며 박사 학위까지 받았으니 말이다. 부동산 강의를 할 때마다 반드시 부자가 되겠다는 결심과 아울러 그에 맞는 장기, 중기, 단기 목표를 세우라고 권한다.

한 줄의 메모가 부자로 만들었다

목표 세우기 습관은 오늘도 계속 이어가고 있다. 오랫동안 계획을 세우고 실천하는 삶을 살다 보니 지금은 어느 정도 노하우가 생겼다.

목표 관리에는 다이어리를 활용한다. 내 다이어리는 몇 개의 파트로 구분된다. 첫 번째는 매일의 스케줄이 기록된 파트이다. 매일 몇 시에 일어나서 시간대별로 어떤 일을 하는지를 기록한다. 두 번째 파트에는 올해 목표를 적는다. 세 번째 파트에는 올해 목표를 달성하기 위한 매월 목표를 적는다. 네 번째 파트에는 아이디어가 생각날 때마다 기록해둔다. 다섯 번째 파트에는 65세까지 준비해야 할 일(제2의 인생 준비)을 적고, 그 뒤에는 매일 할 일을 적어서 월별로 묶는다. 월별 목표가 성취되면 5, 10년 후 목표도 성취된다. 여섯 번째 파트에는 내가 운영하는 업체 상황, 주식, 나의 건강 관련 정보를 기록해두었다.

자신의 목표와 일상 관리에 맞는 다이어리를 만들 것을 권한다. 한 번만 틀을 만들어두면 계속 사용할 수 있다. 다이어리를 매일 들여다보고 실천하고 정리하다 보면 나의 꿈과 목표를 잊으려야 잊을 수 없다. 머릿속에 항상 목표가 잠재되어 있으니 문득문득 아이디어가 떠오르고, 그것을 실천하여 목표를 채워나가는 것이다. 성공이란 목표를 채워나갈 때 이룰 수 있는 것이다.

《성취의 법칙》을 쓴 로버트 콜리어는 "성공은 날마다 되풀이되는 작은 노력들의 합이다"라고 했다. 지그 지글러 역시 "목표에 도달하고 싶으면 이미 그 자리에 도달한 자신의 모습을 상상해야 한다. 당신이 되고 싶은 것, 하고 싶은 것, 갖고 싶은 것을 마음속에 그려야 한다"고 했다. 지그 지글러의 책을 읽으면서 나를 다스리고 10년 후 내 모습을 상상했는데, 상상이 현실로 이루어지고 있다.

노력하지 않고 부를 이루는 방법은 없다. 어쩌다 한 번은 운 좋게 이룰 수 있겠지만 지속하지는 못한다. 돈도 자기를 존중하고 아껴주는 사람에게 붙어 있으려 하기 때문이다.

지금 부자가 아닌 사람들이 부자가 되겠다는 꿈은 갖는 것이다. 지금처럼, 늘 하던 대로 산다면 결코 더 나아지지 않는다. 불투명한 미래는 어떤 사악한 얼굴을 하고 나에게 달려들지 모른다. 지금의 편안함과 안락함에 기대지 말고 결심하고 실천해야 한다.

부자를 꿈꾸는 2030이 알아야 할 것

사람들은 왜 부자가 되고 싶어도 부자가 되지 못하는 걸까? 부자는 고가의 물건을 많이 가진 사람이 아니다. 언제 어디서든 갖고 싶은 것을 가질 수 있고, 하고 싶은 일을 할 수 있는 것이 진정한 부자이다.

우리는 왜 이런 부자가 되지 못할까? 특히 2030 젊은 세대들은 "돈이 없어서 투자를 못 하니까"라고 말한다. 그들에게는 이런 말을 해주고 싶다.

"지금 돈을 많이 모아놓았다면 이상한 거예요. 부모에게 재산을 물려받지 않은 한 그 나이에는 돈을 모을 수 없는 게 당연해요."

학교를 졸업하고 사회생활을 하다가 가정을 꾸렸다면 모아놓은 목돈을 거의 다 썼을 테고, 이후에 틈틈이 모았다고 해도 큰돈이 될 수 없다. 2030세대가 남들보다 큰 부를 축적했다면 그것은 자신의 노력이기보다 상속 혹은 증여로 이룬 재산일 가능성이 많다. 모아놓은 돈이 없다고 한탄할 필요 없다. 지금부터 모아서 투자하면 된다.

돈 모으기도 습관이다

돈은 한 번에 왕창 벌 수 있는 것이 아니라 스노우볼과 같다. 맨 처음에는 두 손으로 눈을 꽁꽁 뭉쳐서 굴리고 굴리다 보면 어느 순간부터 큼직한 눈덩이가 만들어진다. 이처럼 처음에 적은 돈을 투자했을 때는 별것 아닌 것 같지만 어느 순간 종잣돈이 큰 자산이 되어 있다. 워런 버핏이 말한 '스노우볼 투자'이다.

다른 투자도 마찬가지겠지만, 특히 부동산 투자는 단기에 큰돈을 벌 수 없다. 단기에 큰돈을 번다 해도 세금을 많이 내야 하고 자칫 부동산 투기꾼으로 낙인찍힐 뿐이다. 10년 후에 성공한 모습을 그리며 적은 돈으로 차근차근 하다 보면 나만의 노하우가 생기고 나름의 전문가가 되어 있을 것이다.

내가 초등학교 때는 저축을 장려하기 위한 저축상이 있었다. 그때 가장 기뻤던 것이 저축상을 받았을 때였다. 누가 시키지 않아도 용돈을 한 푼 두 푼 모으면서 기쁨을 느꼈다. 성인이 되어서는 꼭 써야 할 것 외에는 저축해서 종잣돈을 모았다. 종잣돈 덕분에 투자의 세계로 발을 디딜 수 있었다. 다양한 시련과 고난을 겪었지만 점차 불어나는 재산을 보면서 꿈을 향해 한발 한발 다가가고 있음에 뿌듯했다.

적은 돈으로 투자하면서 여러 가지 상황에 맞닥뜨려보고 그에 대처하는 힘을 키우면서 잔근육을 키우자. 투자라는 것은 항상 '위기'를 만나기 마련이라 예측보다 대비하는 능력이 중요하다. 돌부리에 넘어지더라도 툭툭 털고 일어서서 다시는 넘어지지 않는 방법을 익혀야 한다. 그래서 내가 책임질 수 있는 만큼 소액으로 시작할 것을 권한다.

많은 사람들이 투자할 돈이 없다는 핑계로 그저 시간만 흘려보내고 있다. 주식이든 부동산이든 어마어마하게 많은 돈이 있어야 투자할 수 있는 것은 아니다. 100만 원, 500만 원, 1천만 원으로도 시도해볼 수 있다. 착실하게 종잣돈을 모아서 투자 실전 경험을 쌓는 청년들을 많이 보았다. 꾸준히 공부하면서 소액의 종잣돈으로 차근차근 재산을 불려갈 수 있다. 돈이 없어서 못 하겠다고 한탄만 한다면 변하는 것은 아무것도 없다.

종잣돈을 모으는 것 못지않게 중요한 것이 공부이다. 공부하지 않고 투자에 덤벼들면 사기꾼과 협잡꾼들을 만나 큰 손해를 보기 쉽다. 스스로 올바른 판단을 하려면 공부를 해야 한다. 부동산 책 한두 권, 유튜브 영상 조금 보는 걸로 그쳐서는 안 된다. 거기에 더해 경매 사이트에서 실제 물건을 살펴보고 임장을 가고 경매에 직접 도전하면서 실전 경험을 쌓아야 한다. 뭐든지 직접 경험해보는 것만큼 피가 되고 살이 되는 것이 없다.

그들은 어떻게 부자가 되었을까?

나는 아주 어릴 때부터 호기심이 많았다고 한다. 어머니는 내가 하도 "왜?" "왜?"를 달고 살아서 답을 해주기도 힘들었다고 한다.

그 호기심을 풀기 위해서는 공부를 할 수밖에 없었다.

부동산 투자에 대한 호기심은 초등학교 시절로 거슬러 올라간다. 좋아하는 책을 읽으면서 어린 마음에도 궁금한 것이 참 많았다. 가난한 사람이 달걀 하나를 사서 병아리로 부화시키고 그 암탉이 또 알을 낳아 부화를 거듭하면서 닭을 키워 판 돈으로 송아지를 사고, 그 소를 키워서 팔아 점점 부자가 되었다는 이야기다.

이 이야기를 읽고 또 읽으면서 어떻게 하면 돈을 모을 수 있을까 생각했다. 나는 일단 빈 병을 모아서 팔기로 했다. 아버지가 직업군인이셨기에 회식 때마다 나오는 빈 병을 많이 모을 수 있었다. 뒤뜰 울타리 밑에 공병을 차곡차곡 쌓아놓았다가 엿장수가 오면 병을 주고 돈을 받아서 저금했다.

초등학교 4학년 여름방학 때는 어머니가 김장배추를 심으려면 열무를 없애고 밭을 갈아엎어야 하는데 열무가 아깝다고 한탄했다. 그 말을 듣고 나는 "제가 시장에 가서 열무를 팔아 올게요"라고 했다. 혼자 열무를 들고 시장까지 갈 수 없어 동생을 짐꾼으로 동행시켰다. 결국 나는 시장 모퉁이에 쪼그려 앉아 열무를 다 팔고 돌아왔다.

그날 저녁 퇴근하신 아버지께 열무 판 이야기를 자랑스럽게 늘어놓았는데, 오히려 아버지는 "학교 다니지 말고 시장에 나가 장사나 하라"며 혼을 내셨다. 어떻게 하면 돈을 벌 수 있을까 궁리하고 직접 실천한 경험들이 오늘날의 나를 만들었다고 나는 믿는다.

중학교 1학년 때 서울로 전학을 왔다. 개발 바람을 타고 매일매일 달라지는 동네를 보면서 자연스럽게 건축에 관심을 갖게 되었다. 경제 개념이 생기기 시작하면서 어른들 입에서 '집장사'라고 일컬어지는 직업에 솔깃했다. 누가 집장사로 엄청난 부자가 되었다거나 토지를 사서 벼락부자가 되었다는 말을 들으면 호기심이 물밀듯이 밀려들었다. 궁금한 것이 있으니 어른들에게 물어보고 책을 뒤적이면서 스스로 공부했다. 호기심은 사람을 지식적으로, 경험적으로 성장시키는 좋은 요소가 된다.

사람들은 호기심을 잃는 순간 늙기 시작한다고 한다. 스스로 늙어간다고 느끼는 시점이 퇴직 후 일을 놓을 때이다. '평생을 일하고 공부했으니 이제는 하지 않아도 된다'며 하루하루를 그저 흘려보낼 때 늙어가는 것이다. 평생 젊음을 유지하고 건강하게 살고 싶다면 호기심을 놓아서는 안 된다. 어떤 일에든 호기심을 가지고 적극적인 배움의 자세를 가져야 한다. 그것이 우리의 정신 건강을 책임지고 경제적 평온함도 선사해줄 것이다.

삼시세끼만큼 중요한 경제 교육

유대인들은 만 12~13세(남자는 13세, 여자는 12세)가 되면 성인식을 치르는데, 이것을 '바르 미츠바'라고 한다. 가족과 친척들이 모여서 의식을 치르고 축하금을 전달한다. 축하금 총액은 저마다 다르겠지만 보통 약 4~5천만 원 정도 된다고 한다. 아이는 이 돈을 부모와 함께 관리하면서 경제 개념을 배우고 이후 성장했을 때 종잣돈으로 사용한다.

어릴 때부터 철저하게 경제를 가르치고 실천 경험을 쌓게 하는 것이 유대인들이 전 세계에서 가장 영향력 있는 민족이 된 힘이라고 생각한다. 우리나라 부모들의 교육열도 대단하지만, 유대인과는 확연히 다르다. 우리는 대학을 가기 위한 교육, 사회적으로 선망받는 직장을 갖기 위한 교육에 치중한다.

무엇보다 중요한 인성 교육과 올바른 경제 관념은 '나중에 커서 해도 되는 교육'으로 미루고 오로지 입시지옥으로 아이의 등을 떠민다. 이것이 교육에 남부럽지 않은 시간과 비용을 투입하고서도

OECD 회원국 중 청소년 자살률 1위의 불명예를 차지한 이유다.

'부'가 아닌 '부자가 되는 법'을 물려줘라

유대인들은 아이에게 어떻게 경제를 가르칠까? 어릴 때부터 크고 작은 집안일을 해서 용돈을 벌게 하는 건 기본이다. 용돈을 차곡차곡 모으는 것으로 저축의 개념을 가르친다. 또한 바르 미츠바를 통해 목돈을 투자하는 개념을 가르친다.

성인식이 끝나고 아이에게 축하금을 전달한다는 것은 아이 혼자 그 돈을 사용하고 관리하라는 뜻이 아니다. 아이에게 경제 개념과 이론을 가르쳐주면서 투자처와 방법을 함께 상의하고 직접 실행하게 한다. 꾸준히 투자하여 돈을 불리기 때문에 스무 살이 되었을 때는 처음 받았던 돈보다 훨씬 더 많은 액수의 돈을 갖게 된다. 4~5천만 원이 2~3억 원가량의 큰돈으로 불어난다고 한다.

아울러 부모의 회사나 사업장 등을 방문해서 어른들이 어떻게 경제활동을 하고 있는지를 본다. 부모가 일하는 모습을 보는 것은 경제활동의 중요성, 직업에 대한 이해, 부모에 대한 감사함 등을 배울 수 있는 통합적인 교육이다. 어릴 때부터 체험 위주의 교육을 받기에 성년이 되면 곧바로 실전 무대에서 움직일 수 있다.

그에 반해 우리 아이들은 어떤가? 오직 대학을 가기 위한 학습만 하다가 20세가 되어야 비로소 세상이 어떻게 돌아가고 있는지 알아간다. 늘 천편일률적인 세상만 보다 보면 꿈도 제한적이다. 공무원, 연예인, 건물주 등이다. 정말 되고 싶어서가 아니라 돈을 많이 벌기 때문이라고 한다. 부자가 되어서 무엇을 하겠다는 꿈이 아니라, 그냥 돈을 많이 버는 것 자체가 지상 최대의 과제이다.

온실 속 화초처럼 자라다 보니 조금만 힘든 일을 만나도 당황하고 포기한다. 강인한 정신력과 경험이 부족한 것은 부모와 사회의 책임이 크다.

물고기를 잡아주기보다 물고기 잡는 법을 가르쳐야 한다는 건 자녀 교육에서 단골처럼 나오는 말이다. 이제라도 기본 습관과 기본 개념을 잡아주고, 실전 경험을 쌓을 수 있는 교육을 해야 한다. 그래야 우리 아이들의 미래가 풍요로워진다. 매일 세끼를 꼬박꼬박 챙겨 먹는 것만큼 중요한 것이 경제 교육이다.

재테크, 백일부터 시작하다

기본적인 생활 습관, 삶에 대한 태도와 철학, 올바른 경제 관념을 키워주는 것은 입시 교육 이상으로 중요하다. 밥상머리에서, 마트에서, 주말 시간을 활용해서 얼마든지 가르칠 수 있다.

실전 경제 교육은 어떻게 하면 좋을까? 사교육비를 아껴서 나중에 아이들이 자립할 수 있는 자금으로 활용하라고 조언하는 전문가들이 있다. 초등 6년, 중고등학교 6년, 도합 12년의 사교육비를 모으면 굉장히 많은 자금을 만들 수 있다. 이 돈을 아이가 성인이 되었을 때 주거비나 사업자금으로 주면 큰 힘이 된다는 것이다.

하지만 아이들을 키우는 사람들과 대화해보면 난색을 표하는 경우가 많다. 대학입시가 중요한 가치로 자리 잡은 나라에서, 아이가 공부하지 않는다고 일찌감치 포기하고 사업이나 장사를 가르치기가 쉽지 않다는 것이다. 부모 입장에서 '기본적인 사교육비'를 들이지 않을 수 없다.

아이들 통장을 활용하는 것은 어떨까? 아이가 태어나면 아이 이름으로 통장을 하나 만들어 친인척들에게 받은 용돈을 저축한다. 백일이나 돌 때 받는 금이나 현금도 차곡차곡 모아서 실전 경제 교육에 도전해보는 것이다.

어떤 부모는 아이의 통장에 모아놓은 돈을 생활비나 주택 구입 자금에 보태기도 한다. 그렇게 해서 통장이 비었다면 다시 채워주면 된다. 한 달에 1만 원씩 10년만 부어도 240만 원이다. 2만 원씩 10년이면 480만 원이니 절대 적은 돈이 아니다. 어떤 방식으로든 종잣돈을 모아서 아이와 함께 투자를 시작하자.

아이는 이 과정에서 올바른 경제 관념을 배우고 실전 투자를 통해 부자가 되는 방법을 알게 된다. 또한 부모와 늘 상의하면서 부모에 대한 친밀감과 신뢰, 감사한 마음을 느낀다. 경제 교육으로 시작해서 그야말로 전인교육이 될 수 있다.

자본을 벌어들이는 것이 얼마나 중요한지를 알고 자원을 효율적으로 활용하는 방법을 알아야 아이가 행복한 부자로 살아갈 수 있다. 좋은 직업을 갖고 돈을 많이 벌어도, 직업의 의미와 물질의 소중함을 모른다면 행복할 수 없다는 사실을 명심하자.

부동산 경매에서 펼쳐진 세 편의 드라마

어느 날 나에게 조언을 받으며 부동산 투자를 열심히 하던 수강생이 전화를 해서 매형이 나를 한 번 만나고 싶어 한다고 전했다. 약속을 정하고 만나서 대화를 나눠보니 그 매형은 첫인상처럼 평생을 정석대로 살아온 분이었다. 나보다 나이가 더 많은 그는 평생 한 번도 집을 사본 적이 없다고 했다. 전문직이고 수입이 많은데도 말이다. 많든 적든 그날그날 들어오는 현금은 무조건 가까운 은행에 가서 입금을 해두었다고 한다.

"돈이 좀 모였다 싶어서 집을 사려고 하면 집값이 올라서 살 수가 없었어요."

"대출을 받아서 살 수도 있을 텐데요."

"빚내서 집 사는 건 싫어서요."

경매로 집을 마련한 수강생은 평생 무주택자로 살고 있는 누나 부부에게 경매에 도전해보면 어떻겠냐고 권유했다. 그 매형은 경매 물건을 찾아보기 시작했고, 마음에 드는 아파트를 발견하고는 자문을 구하기 위해 나를 만나자고 했던 것이다.

16억 원 빌라를 9억 원에 낙찰받다

그가 찾았다는 아파트를 살펴보니 썩 마음에 들지 않았다. 그와 어울리지 않는 물건이라는 생각이 들었다.

"왜 이걸 사고 싶으세요?"

"남들이 전철역 가까운 아파트가 좋다고 해서…… 전철역이 가까우면 좋은 것 아니에요?"

생애 처음 내 집을 마련하는데 자신과 가족의 취향과 라이프스타일보다 다른 사람들의 의견을 따라가는 모습이 안타까웠다. 그러다 불현듯 얼마 전 봤던 경매 물건이 떠올랐다. 토지면적 88평, 건평 63평의 고급 빌라였는데 현재 세입자가 거주하고 있었다.

"제가 살아보고 싶어서 살펴보는 고급 빌라가 있는데, 경매 한번 응찰해보실래요?"

그는 물건을 검색해보더니 너무 마음에 들어했다. 나는 물건의 특징을 꼼꼼하게 설명해주었고, 은행에서 일하는 지인을 통해 해당 물건이 좋다는 사실도 확인해주었다. 그는 입찰해보겠다고 결정했다.

그 빌라는 감정가 13억 원이지만 시세는 16억 원 정도였다. 한 번 유찰되어 최저가가 9억 1천만 원이었다. 감정평가서를 보고 경쟁자가 많지 않을 거라는 예감이 들었다. 복층 빌라인데 2층에 비가 샌

다며 천장 도배지가 다 뜯어진 사진이 게재되어 있었다.

남들은 그런 사진을 보면 응찰을 포기한다. 그러나 경매 경험이 많은 나는 사진 한 장에 마음이 바뀌지 않는다. 해당 물건의 위치, 주변 시세 등 여러 정보와 매입 후 활용 방법 등을 종합해서 입찰 여부를 결정한다. 왠지 그 사진은 세입자가 경매를 방해하기 위해 혹은 다른 목적으로 꾸며낸 것 같았다. 나는 그에게 꼭 낙찰받고 싶다면 최저가보다 조금 더 높게 쓰라고 조언해주었다.

"혹시라도 낙찰이 안 되더라도 낙심하지 마세요. 경험이라고 생각하시고 경매에 관심을 가지고 계속 응찰하세요. 그러다 보면 언젠가는 낙찰됩니다."

경매 당일 그는 내가 알려준 대로 최저가 대비 4천만 원 더 많은 9억 5천만 원에 단독 입찰하여 낙찰받았다. 대출에 대한 두려움이 많았던 그는 낙찰금 전액을 대출 없이 납부했다. 낙찰받은 날 빌라 주변의 부동산중개소에 문의하니 매매가가 최저 15억 5천만 원인데 매물로 나온 물건이 없다는 말을 듣고 굉장히 기뻐했다.

이날 경매는 해피엔딩으로 끝났다. 그런데 나중에 알고 보니 세입자와 소유주에게는 몹시 아쉬운 일이었다. 부동산 거래에는 다양한 입장이 충돌할 수밖에 없지만, 조금만 서로의 입장을 배려했다면 모두가 행복했을 것이다. 세입자와 소유주의 관점에서 이야기해보자.

세입자 - 전세 가격으로 빌라를 잡아야겠다

세입자는 소유주가 채무를 갚지 못해 빌라가 경매로 넘어갔다는 소식을 들었다. 작은 집수리에 나 몰라라 하고 발을 빼던 소유주였기에 안타깝기보다는 냉정한 마음이 들었다. 앞으로 어떻게 해야 할까 고민하다가 어쩌면 전세금 정도에 이 빌라의 주인이 될 수도 있겠다는 기대감이 들었다. 어떻게 해야 좀 더 쉽게 낙찰받을 수 있을까를 고민하다가 2층 천장 도배지를 뜯기로 했다.

세입자는 응찰 예정자들이 집을 방문하고 싶어 할 때 적극적으로 협조해주었다. 집 안팎을 충분히 살펴볼 수 있도록 시간을 준 것이다. 사람들은 집을 둘러보다가 2층 천장 도배지가 뜯어진 것을 발견했다. 어리둥절해하며 이유를 묻는 사람들에게 얼굴을 찌푸리며 비가 곧잘 새는 바람에 아주 골치 아프다는 말을 했다.

이러한 상황은 낙찰 후 빌라를 명도하는 과정에서 알게 되었다. 세입자는 빌라가 한 번 더 유찰되면 그때 응찰하려고 했다고 한다. 전세금 정도로 낙찰받고 상계 처리하려고 생각했던 것이다. 그 얘기를 듣는 순간 내 생각이 맞았음을 확인했다. 그는 경쟁률을 낮추기 위해 천장 도배지를 뜯어놓고 임장을 온 사람들에게 적극적으로 보여준 것이다.

내가 천장의 뜯어진 도배지가 세입자의 소행이라고 짐작한 이유가 있었다. 사진을 유심히 보면 뜯겨 나간 도배지에 얼룩이 전혀 없다. 새것이나 다를 바 없는 도배지가 인위적으로 찢겨진 모양새였다. 비가 새는 집이라면 어쩌다 한 번 새지 않을 것이다. 수차례 젖고 마르기를 반복하면서 지저분한 얼룩이 있어야 하는데 그 도배지는 깨끗했다. 어설픈 방법으로 경쟁률을 낮출 수 있었지만 아쉽게도 내 눈까지 속이지는 못했다.

소유주 - 다른 사람은 몰라도 세입자는 절대 안 돼!

소유주는 불어난 채무 때문에 고민이 많았다. 자칫 빌라가 경매로 넘어갈 것 같은데 너무나 아까웠다. 그는 부동산중개소를 방문해 좋은 가격에 팔아달라고 부탁했다. 그리고 세입자에게도 사정을 설명하고 중개소에서 손님을 모시고 오면 잘 보여달라고 부탁했다.

좋은 사람이 나타나기를 기대하는 소유주에게 부동산중개사들의 연락이 잇따랐다. 도무지 집을 볼 수가 없다는 항의였다. 세입자가 전화를 받지 않거나 연락이 닿아서 집에 가보면 아무도 없어서 한참 기다리다가 허탕을 치고 돌아온다는 것이다. 어찌어찌해서 집을 보게 된 사람들에게도 불편한 기색을 보이며 제대로 보지 못하게 한다고 했다. 고의적으로 방해하는 게 분명했다.

소유주는 세입자에게 연락해서 다시 한 번 사정했다. 그러자 세입자는 바빠서 집에 있을 시간도 없고 자신이 집을 지키는 사람도 아니지 않느냐며 퉁명스럽게 대했다. 그러더니 집이 안 나가면 자신이 매입을 고민해보겠다는 말을 덧붙였다. 그제야 소유주는 세입자의 속내를 알고 경매로 넘어가기 전에 세입자에게 최저 가격으로라도 팔아야겠다고 마음먹었다.

부동산중개소에서 계약서를 쓰는 날 세입자의 얼굴을 보고 화가 치민 소유주는 15억 5천만 원에 매도하기로 한 계약서 초안을 세입자가 보는 앞에서 찢어버렸다. 아무리 급해도 세입자에게는 절대 빌라를 넘겨주지 않겠다고 마음먹었다.

경매가 진행되기 전 세입자와 소유주 간에 부동산 매매 이야기가 오갔다면 양쪽 모두에게 좋은 방안을 도출할 수 있었다. 세입자는 경쟁 없이 최저가에 집을 매입하고, 소유주는 경매 낙찰가보다는 더 높은 금액을 받았을 것이다. 그러나 세입자는 전세 가격으로 그 빌라를 소유하겠다는 욕심을 부리다가 전세금만 돌려받고 이사를 나가야 했고, 소유자는 시세 대비 62% 정도에 빌라를 매도했다.

소유주와 세입자가 서로의 입장을 조금씩만 배려했다면 경매까지 진행되지 않았을 사안이었다. 자기 입장만 앞세우다가 두 사람 모두 '닭 쫓던 개 지붕만 쳐다본 격'이 되고 말았다. 그리하여 이 전쟁의 최종 승자는 제3자가 되었다. 평생 성실하게 자기 본업으로 돈을 벌어서 대출 없이 집을 장만한 그는 현재도 가족들과 그 빌라에서 잘 살고 있다. 그 집과 함께 아름다운 드라마를 만들어가는 것은 원래의 소유주도, 오랫동안 그 집에 살았던 세입자도 아닌, 최종 낙찰자였다.

이 사건은 생각할 거리를 많이 남겨주었다. 세입자와 소유주 모두가 상대의 입장을 조금만 생각했다면 좀 더 행복한 거래를 할 수 있었을 것이다.

코로나19 이후 미래의 부동산 투자

2020년 초만 해도 코로나19가 급속도로 확산될 거라는 생각을 하지 못했다. 처음에는 모두 당황했지만 어느새 마스크 쓰기와 사회적 거리두기가 일상으로 자리 잡았다. 늘 사람들이 북적였던 영화관, 헬스장, 대형 마트가 한산해지고 집에 머물면서 일하고 먹고 여가를 즐기는 문화가 발달했다. 자동차, 숙박, 사무실 등 승승장구하던 공유경제 산업이 위기에 처했다. 코로나19는 우리 생활 곳곳의 모습을 바꾸어놓았다.

이런 상황이 계속된다면 '어떻게 부동산 투자를 해야 할까?'라는 고민을 했다. 코로나19는 부동산에도 영향을 미쳤다. 가장 먼저 타격을 받은 것은 상가이다. 사람들이 외출을 삼가고 사회적 거리두기로 3인, 5인 이상 집합금지가 되니 손님들이 찾지 않는 것이다. 임차인들은 월세를 내지 못해 보증금을 까먹었고, 대출받아 상가를 매입한 주인들은 월세가 들어오지 않자 이자 납부를 하지 못해 힘들어했다. 버티지 못한 주인들의 부동산은 경매로 넘어갔다.

아파트 매물을 찾는 이들은 엘리베이터를 타지 않아도 되는 저층에 대한 관심이 높아졌다. 또 재택근무와 온라인 수업의 영향으로 방에서 일하거나 공부하고 식사하고 휴식까지 취할 수 있는 '올인룸(all in room)'이 유행처럼 번졌다. 올인룸이 유행하자 그동안 멸시를 받던 대형 아파트에 대한 선호도가 높아졌고, 중형과 별 차이 없던 대형 아파트의 매매가가 오름세를 보이기 시작했다.

'차박'이라는 신조어가 나올 정도로 혼자 여행하고 혼자 차에서 잠을 자는 캠핑이 유행하고 있지만, 일시적인 유행으로 끝날 것 같다. 차박은 불편한 점이 많고 안전이나 치안 문제가 있기 때문이다. 그래서 집에서도 캠핑이 가능한 마당이나 발코니를 갖춘 단독주택이 인기를 얻을 것이다. 아파트의 편리함에 단독주택의 사생활 보장이 접목된 단독주택형 공동주택 또한 관심의 대상이 될 것이다.

부동산 중개 플랫폼도 언급하지 않을 수 없다. 예전에는 주로 동네의 부동산중개소를 통해 거래가 이루어졌지만 지금은 '직방', '다방', '밸류맵' 등의 디지털 플랫폼을 이용한다. 부동산 앱은 이전부터 있었지만 코로나19 이후 매물을 직접 방문하는 것을 부담스러워하면서 더욱 인기를 끌게 되었다. 누가 더 소비자의 취향과 니즈를 분석해 맞춤 매물을 찾아주느냐가 시장의 패권을 거머쥘 열쇠가 될 것이다.

코로나19로 인한 변화는 앞으로 더 두고 봐야 할 것이다. 그렇다면 '위기는 기회다'라는 관점에서 앞으로 어떻게 투자해야 좋을까?

나는 코로나19 이후 부동산 강의를 할 때마다 "지금은 상가 투자를 할 때가 아니다"라고 하면서 이 사태가 좀 더 진행되면 상가 경매가 많이 나올 테니 그때 좋은 물건을 저렴한 가격에 잡으라고 말한다.

상업지역의 상가들을 살펴보면 대부분 1층은 식당이 많고, 지하는 노래방, 2층부터는 유흥음식점이나 단란주점, 당구장, 사우나, PC방, 모텔 등 숙박시설이 자리 잡고 있다. 상점들의 공통된 특징은 많은 사람들이 와서 먹고 즐기고 쉬는 공간이라는 점이다. 그러나 사회적 거리두기로 사람들이 모이지 않아 힘든 것인데, 높은 층이나 지하층일수록 더 심하다. 앞으로 이런 물건들이 경매시장에 많이 나올 것이다. 그렇다면 고층의 상가는 어떤 용도로 전환하면 좋을까?

첫 번째는 공유주방을 추천하고 싶다. 공유주방이란 업체별로 칸막이를 한 개별 주방을 말한다. 음식점 창업을 위해 만만치 않은 임대료와 설비를 부담하지만, 폐업률이 가장 높은 업종인 만큼 많은 자금을 투자했을 때의 리스크가 상당하다. 그러나 공유주방을 활용한 배달음식 서비스업은 소자본으로도 창업이 가능하기 때문에 경쟁력이 있다. 가격이 저렴한 음식을 판매하면서 임대료가 가장 비싼 1층에 자리 잡으면 비용 부담이 크지만, 인기 없는 층에 공유주방을 만들고 배달음식 서비스업을 한다면 훨씬 적은 부담으로 창업할 수 있다. 공유주방을 이용해 음식을 만들고 주문을 받아 배달업체에 의뢰하고, 맛과 청결에서 인정받는 업체가 된다면 단골고객을 확보할 수 있다.

임차인은 자신이 팔고자 하는 시간에만 사용하고, 장사가 잘되면 월세를 잘 낼 수 있으니 임대인에게도 좋은 사업이다.

두 번째는 개인 창고업이다. 집집마다 자주 사용하지 않는 계절용품이나 기타의 이유로 보관하는 짐이 있다. 큰 집에 살든 작은 집에 살든 항상 집 안은 포화 상태이고 그렇다고 물건을 버리기는 아깝다. 캠핑이나 낚시를 비롯해 각종 레저 스포츠에 대한 관심이 높아지면서 관련 짐들을 보관해주는 개인 창고업이 유행할 것으로 예상한다.

세 번째는 오토형 창업을 생각해보자. 자동화 시스템을 갖춰 사람이 없어도 운영되는 매장으로 코로나19로 인해 운동을 제대로 하지 못하는 사람들을 겨냥한 1인 운동 공간을 제공한다. 탁구, 농구, 야구, 족

구 등을 혼자 할 수 있도록 스크린을 설치해서 운영해도 좋다. 1인 공부방이나 유리 칸막이를 갖춘 스터디 카페도 좋을 듯하다. 엘리베이터가 설치된 고층이나 지하의 상가에는 카페형 무인세탁소도 괜찮을 것이다.

성공한 기업의 공통점은 '소비자의 마음'을 잘 읽는다는 것이다. 앞으로 부동산 투자를 어떻게 해야 할까에 대한 답은 역시 변화하는 세상을 보면 얻을 수 있다. '피할 수 없으면 즐겨라'는 광고 카피처럼 이제는 소비자의 선택권에 따라 사업의 흥망성쇠가 가려질 것이다. 그에 맞춰 부동산 투자도 바뀌어야 한다.

생각을 바꾸면 부동산 투자도 달라진다

우리나라 부동산 지표는 거의 아파트 중심이다. 아파트 경기가 좋으면 부동산 경기가 좋고 아파트 경기가 나쁘면 부동산 경기가 나쁘다고 한다.

그러나 이제 생각을 바꿔야 한다. 부동산은 아파트만 있는 것이 아니다. 맹목적으로 남들의 투자 스타일을 좇기보다 정말 나에게 필요하고 내 목표에 맞는 부동산을 찾아서 투자해야 한다.

내 부동산 투자는 토지를 중심으로 이뤄졌다. 아파트와 빌라 같은 주거형 건물을 매입한 적도 있지만 이를 중점으로 하지는 않았다. 사람들이 거주하는 공간을 투자 대상으로 보고 싶지 않아서였고, 토지 투자의 매력에 빠져들어서이기도 했다.

우리나라에는 나 말고도 토지 투자 전문가들이 많다. 토지 투자 관련 책들도 많이 출간되었는데, 대부분 도심으로 개발 가능한 토지들을 찾는 방법을 다루고 있다. 나는 그런 내용이 마뜩찮았다. 게다가 근래 들어 불거진 LH 사건이나 일부 정치인들의 농지법 위반 사례들을 보면서 국민의 한 사람으로서 가슴이 답답해졌다. 모든 국토가 다 도심이 되어야 하는 것은 아닌데, 늘 도심 개발의 눈으로 토지를 바라보라고 하는 책이나 강의 내용이 불편했다. 개발되길 기대하며 농지를 사서 마음에도 없는 농사를 짓는 정치인들의 모습도 보기에 좋지 않았다.

산은 산의 모습일 때, 농지는 농지일 때 가치가 있다. 농지를 산다면 농사를 지으면서 노후를 대비할 방법을 찾고, 임야를 산다면 그에 맞는 수목을 키워서 수익을 내면 되지 않을까?

이 책에서는 그런 방법을 얘기하고 싶었다. 토지의 특징에 맞는 투자법, 토지를 살리면서 나의 미래를 위한 수익도 거둘 수 있는 방법을 말이다. 특히 자금이 부족해서 투자할 엄두조차 내지 못하는 청년들, 시간 여유가 없어 제2의 소득 파이프라인을 만들지 못하는 중장년층들에게 실현 가능한 투자법을 알려주고 싶었다.

여기에서 이야기하는 것들은 얼핏 고수의 노하우처럼 보여도 사실 쉬운 방법이다. 토지 투자에 대한 기본적인 이론을 공부하고, 토지대장, 지적도, 토지이용계획확인원, 등기부등본 등 문서를 살펴보고, 임장을 다니다 보면 누구나 도전할 수 있다. 공부하면 눈이 트이고, 부딪혀보면 노하우가 생긴다. 이 책을 다 읽었다면 일단 기본 이론은 섭렵한 것이다. 이제 남은 것은 실전뿐이다. 망설일 이유가 없다. 나의 조언을 믿고 천천히, 하나씩 시작해보기를 바란다.

부동산
틈새 투자
ⓒ 밀리언서재, 2022

초판 1쇄 발행 | 2022년 02월 11일
초판 3쇄 발행 | 2022년 03월 25일

지은이 | 김태연
펴낸이 | 정서윤

편집 | 추지영
디자인 | 지 윤
마케팅 | 신용천
물류 | 비앤북스

펴낸곳 | 밀리언서재
등록 | 2020. 3. 10 제2020-000064호
주소 | 서울시 마포구 동교로 75
전화 | 02-332-3130
팩스 | 02-3141-4347
전자우편 | million0313@naver.com
블로그 | https://blog.naver.com/millionbook03
인스타그램 | https://www.instagram.com/millionpublisher_/
기획 | 엔터스코리아 책쓰기브랜딩스쿨

ISBN 979-11-91777-13-0 03320

값 · 16,000원